ワンネスから授かった「三種の神器」シリーズ 1

エネルギーマイスターの絶対法則

山富浩司

次世代の「エネルギー使い」の超達人メソッド！

ナチュラルスピリット

ワンネスから授かった「三種の神器」シリーズ　1

エネルギーマイスターの絶対法則

はじめに

「毎日これだけがんばっているのに、成果が出ない」

「いくら努力しても、不安や心配がつきまとう」

「なかなか夢や願いが叶わない」

「これから日本や世界はどうなっていくのか……」

そんなふうに感じることは、ありませんか？

かつての私自身、ずっとそう感じていました。


「日本人は勤勉」

よくそう言われます。

日夜、人知れず真面目に努力します。

そんな国民性もあって、戦後には瞬く間に世界第二位の経済大国となりました。

その後、一九九一年にバブルは崩壊し、日本経済は長期の経済停滞に陥っています。

二〇一九年一二月初旬に、新型コロナウイルス感染症（COVID‐19）が中国の武漢市で第一例めの感染者が報告されてから、わずか数カ月ほどの間にパンデミックと言われる世界的な流行となりました。

コロナ禍以降の日本では、ロシア・ウクライナ戦争による原油高、円安による物価高や経済の停滞等も相まって、先行き不透明感による漠然とした不安や心配を抱えられている方が増えています。


「不安、心配から解放されたい！」

「夢や願い、目標を叶えたい！」

その一心で、さまざまなことに真面目に取り組んでも、うまくいかない。

そんな方も多いのではないでしょうか？


人生の日々をよりよいものとするための最大のカギは、「自分自身のエネルギー」です。「何をしているか」よりも「どんなエネルギー状態か」で、仕事、収入、人間関係、健康、願

望実現等々、すべてが決まるためです。

「すべてはエネルギーでできている」
「エネルギーが変わると人生は劇的に好転する」

そのことは科学的にも**「絶対法則」**です。

これからは今まで以上に、自分自身の**エネルギー・感情・思い**が、そのまま具現化するスピードが早くなっていきます。
「今、どんなエネルギー状態か?」
「今、どんな感情や思いを持っているか?」
そのことに意識を向けるだけでも、現実は大きく開けていきます。

私は、二〇二四年からの数年間は、人類史上経験したことのないような〝**超大転換期**〟を迎えると思っています。

想像すらしたことのない世界が広がっていく、大きなきっかけとなるはずです。

その超激動の時代に必要なことは、〝**揺るぎない自分**〟を持っておくこと。言い換えるなら、**自分自身のプラスのエネルギー量を高めておく**ことです。

そのことで超激動の波が大きなプラスとなり、あなたを導いてくれます。

反面、何も考えず、対策もなければ、激流にあっという間に飲み込まれてしまうでしょう。


ここでは、「〇〇が起きる」と言うようなことは控えます。

その超激動により、不安や心配、怒りなどの「マイナスの感情（エネルギー）」を持ち続けると、〝浮上〟は難しくなります。それこそが、超激動を起こす側の目的そのものだからです。

特に、不安や恐怖を持ち続けると、誰もが足がすくみ、〝されるがまま〟の状態となってしまいます。

一方、今この時点で、自分自身のプラスのエネルギー量を高めておくと、その超激動はまたとない〝追い風〟となるでしょう。

その差は文字通り、天と地の違いです。

そんな大切なこの時期に、これまで封印してきた「エネルギー」について、お伝えさせていただきました。

十数年前に「ワンネス（宇宙の中心、根源）」から授かった『エネルギーマイスター®』という手法の概要も、初公開させていただきました。

その理由は、今、本書を手にとってくださっているあなたに、

「これからの地球アトラクションを謳歌してもらいたい」

という強い気持ちによるものです。

あなたは「完璧な存在」であり、あなたこそがこの世界と宇宙の中心であり、創造主です。

「えっ!?　そんなことないよ」

謙虚なあなたは、そう思われるかもしれません。

でも、ほんとうにあなたは完璧なのです。

誰がなんと言おうと私は断言します。

「あなたは完璧な存在」です。


先日、ある経営者のエネルギーセッションをしている際に、ご相談を受けました。

「変わりたいのに変われない」

「経営者仲間の活躍を見ていると、自分が情けなくなってくる」

そんな内容でした。


その方は、セッション後は見違えるほどエネルギーに満ちた状態で帰っていかれ、その後の業績も上がっているとのうれしいご報告をいただきましたが、私は「ああ、かつての自分もずっとそうだったなあ」と、その方のお話をうかがいながら思っていました。


私は貧しい家に生まれ、かつＤＶ家庭で育ちました。

そのため幼少期からとても自己受容が低く、いつもおどおどしていました。アニメ『ドラえもん』に出てくるのび太くんのような状態です。

でも、現実には、自分を助けてくれるドラえもんはいませんでした。


幼いころから、私は夜空を見つめる癖がありました。

「なぜ、僕は地球に生まれてきたの？」

「早くもとにいた星に帰りたい！」

毎日のように、そんな願いごとをしていたのを覚えています。

私は、〝地球生活〟になじめない自分が嫌いで仕方がありませんでした。

その状態は約半世紀続きました。

まわりで活躍している人、輝いている人がいれば嫉妬し、そういう自分を情けなく思いました。


二十歳を迎えたあるとき、私は一念発起して、「自分を変えよう！」と決心しました。

それからは、自分を変えるために、時間とお金のほぼすべてを費やしました。

そうして二十数年が経ちました。気が遠くなるような年月でした。

その結果、私の状況は変わり、好転したでしょうか？

「はい、おかげさまでやっと！」

笑顔でそう言いたいところですが、まったく変わることはありませんでした。

変わるどころか、二十代で病気になって余命宣告を受けたり、阪神・淡路大震災ですべてを失うなど、自身を取り巻く状況は悪化の一途をたどりました。

まさに夢も希望もない日々。自ら命を絶とうとしたことも何度もあります。

そんな中、歯を食いしばってがんばっていた職場から、二〇一一年初頭に突如リストラを告げられました。私を含む社員全員が対象でした。

五十代を迎えようとする私の所持金は、わずか数万円です。震災で被災したことで家の二重ローンも抱え、借金は四千万円近く残っていました。

「もうだめだ……」

うつろな目でそう思っていたときに、ふと道端にある野草（私は雑草のことを野草と呼んでいます）に目がいきました。とても小さな花をつけていました。

他愛のない草花でしたが、なぜか食い入るように見入ったのです。

まわりに人がいたかもしれませんが、私は時間も忘れて見続けていました。


その直後、どこからか「声」が聞こえてきたのです。

「ありのままでいい」

私の中で、何かのスイッチが入りました。

同時に大きな力が湧いてきました。

その野草の小さな花はとても可憐でした。

桜やバラのような目立つ花とは違い、ほとんどの人が目をとめない場所に、ひっそりと咲いてくれている。

ただ、そこに存在している。

それだけで十分でした。

人も同じです。

野草であることを拒み、「桜やバラになりたい」と思い、自分を変えようとしても無意味です。

野草には野草の素晴らしさがあります。

人もまた、一人ひとりに素晴らしさがあります。

地球上に無駄なものは一つも存在しません。それぞれの方が、そのままで完璧な存在です。

あなたも同じです。

あなたはあなたのままで、唯一無二の存在です。それこそがあなたの強みです。


そのことが腑に落ちてからも紆余曲折はありましたが、リストラされて一年後には、それまで抱えていた、健康、お金、人間関係等の約半世紀にわたる大きな問題は、すべて解決していたのです。

劇的な超V字回復でした。

「自分自身のプラスのエネルギー量が高まるだけで、これほどの変化があるのか！」

そう驚いたことを昨日のように思い出します。

本来、ワンネスから降り注いでいる無償のエネルギーは無限です。

すべての夢や希望、理想を実現することができるエネルギーです。

本書では、ワンネスのエネルギーを「プラスのエネルギー」と呼んでいます。

ですが、私たちは往々にして、〝不安〟〝心配〟〝恐怖〟〝怒り〟〝悲しみ〟〝恨み〟などのマイナスの感情を抱き、なかなか手放すことができません。

そうすると、自分自身に〝フタ〟をしているような状態となり、ワンネスから降り注いでくるプラスのエネルギーを受けとれなくなってしまいます。

では、どうしたらよいのでしょうか?

自分自身のマイナスの感情(エネルギー)を手放していくことで、プラスのエネルギーは自然と高まっていきます。


私は、ワンネスからさまざまなものを授かりました。

誰もが修行なしに、瞬時にプラスのエネルギー量を高める〝次世代のエネルギー使いの超達人〟〝幸せな魔法使い〟となる、『**エネルギーマイスター**®』。

マイナスの感情をその場で整えることのできる〝願望実現の加速装置〟、『**マインドフルネスタッピング®**』。

長年抱えていた「マイナスの思い込み」を、一瞬にして手放す〝限界突破の達人〟となる『**リミットブレイクマスター®**』。

それら**「三種の神器」**は、ワンネスから授かった〝**光の杖**〟のような感覚がありました。

本書では、これまで未公開だった〝願望実現のすべてのマスターキー〟である『エネルギーマイスター』について、ほぼ全貌を初公開させていただきました。

『エネルギーマイスター』は、自分自身のプラスのエネルギー量を瞬時に大幅に上げることができます。

本来は、エネルギーマイスターの講座を受講していただき、〝伝授〟という形でお渡ししていますが、今回初めて、〝本書を読む〟ことによって、エネルギーマイスターの効果を体得できるようにお伝えしています。

最新科学である量子論では、「一人一宇宙」であるパラレルワールド理論が提唱されていいます。

あなたの**エネルギー・感情・思い**によって、無限の世界と宇宙が広がっていくという科学的仮説です。

私自身もそうですが、私のエネルギーセッションやセミナー、講座などで出逢ってくださった方々を観察すると、その理論は仮説ではなく事実としか思えません。

通常では〃奇跡〃としか思えないようなことが、よい意味で〃日常的〃になっているからです。

「一人一宇宙」を創っているのはほかの誰でもない、あなたです。

あなたという宇宙一のギフトに感謝します。

あなたのエネルギー・感情・思いは、ダイレクトに世界と未来を創ります。

あなたはまさに「新たな地球」の主人公なのです。

本書では、**「あなたのプラスのエネルギーを瞬時に引き上げて、幸せな日々を送る方法」**をお伝えします。

「がんばっているのにうまくいかない」

「将来に不安、心配がある」

「自分の可能性を最大限に引き出したい」

「叶えたい夢や目標がある」

そんな方にとって、本書は**「希望の書」**となるでしょう。

本書をきっかけとして、あなたは「あなた本来の力」に気づき、目覚めるはずです。


あなたは自分の「力」に驚き、感動されることでしょう。

その後は、自他ともに笑顔で幸せになれる素晴らしい世界が広がっていきます。

あなたの可能性は無限大です。

さあ、ともにあなたの持つ**「無限の可能性の扉」**を開いていきましょう！


あなたの「地球アトラクション」の本番はこれからです！

目次

第2章　エネルギーマイスターとは何か？　103

第4章 マインドフルネスタッピングの活用法 195

序　章

エネルギーが変わると すべてが変わる!

ＤＶ家庭と頭の中に聞こえる〝声〟

幼いころ、私の家は貧しく、しかもＤＶ家庭でした。

普段はやさしい父だったのですが、何かのスイッチが入ったとたんに別人のように荒れ狂い、大声を出しながら母を殴りました。テーブルに用意されていた食事も無残にひっくり返されました。

まだ幼児だった私は、必死で母を守ろうと間に入りました。ただ、そんな抵抗も大人にとっては赤子同然、私は「邪魔だ！」とばかりに吹き飛ばされていました。そんな状態が週に数回はありました。

私は大切な母を守ることができない無力さに、いたたまれない気持ちになっていました。

思えば、私自身のエネルギー状態がとても低くなったのは、そのころからだったと自覚しています。

以降、私は高熱を出しては寝込み、その状態は小学生になっても変わることはありませんでした。そして、ＤＶを含む家庭崩壊はさらに進んでいったのです。

家にいても、学校に行っても、外で遊んでいても、私は気が休まることがありませんでした。

「また、父が母を殴ったらどうしよう」

「どうやって母を守ればいいんだろう……」

そんな自問自答が頭の中で際限なく続いていました。

そんな私にとって、唯一ほっとできる場所は〝自然〟でした。

家の近所に神社や大きな自然林があり、私は小学生だったころ、よくそこで佇んでいました。

よほど長時間、その場にいたのでしょう。ときおり、通りかかる人から「さっきから何してるの？」と聞かれることもありました。

私は、ただそこで佇んでいたのです。

目の前にある草木や花、昆虫などを眺めていました。

ある日、ふとした瞬間に、どこからか〝声〟が聞こえるようになりました。

草木や花、昆虫から、会話のような声が聞こえてくるのです。

さらには、それらのまわりにいる妖精のような〝存在〟からの声も聞こえるようになったのです。

声と言っても、耳から聞こえてくるというよりは、脳内にダイレクトに入ってくる感じでした。


当時、その〝声〟や〝存在〟は、私にとってはあたりまえのものになっていました。

でも、友だちに伝えると、「そんなものいないよ～」とからかわれました。母も同様でした。

私は近所の大人からも「変わった子」と思われていたようです。

それからも、声や存在は私の身近にありました。その後は、大人の〝本心〟や〝心の声〟までもキャッチするようになっていきました。

たとえば、笑顔で「おはよう」と声をかけてくれる近所の人の心の中から〝悲しみ〟を感じたり、やさしく接してくれている人の心の中から〝苛立ち〟を感じたりするのです。〝心の声〟が、勝手に聞こえてくるようなこともありました。

そのことを母に伝えても、「そんなことを言うんじゃないよ！　ヘンな子だと思われるよ」と言われ続けました。

私自身も、「自分は変わった存在なんだ」と殻に閉じこもっていったことを覚えています。

今では、かつての私と同様な方が「ＨＳＰ」として理解されています。

「ＨＳＰ」とは「Highly Sensitive Person（ハイリー・センシティブ・パーソン）」の略で、生まれつき「非常に感受性が強く、敏感な感覚をもった人」という意味です。

当時は、まだ〝心の問題〟はまったく考慮されない「努力・根性・忍耐」の時代でしたから、私は異端だったようです。

まわりから理解されないことで、私自身のエネルギーはどんどん小さくなっていきました。

その状態がなんと半世紀も続いたのです。

私はこうした幼少時の体験がきっかけとなって、「気」や「エネルギー」に興味を持つようになりました。

そして、十数年前にワンネスから『エネルギーマイスター』を授かり、自分自身のプラスのエネルギー量を高めることができるようになってからは、それまでの〝暗黒の半世紀〟から、「毎日が眩しく、幸せに満ちた世界」に移行することができたのです。

本書を読んでくださっているあなたなら、もっと大丈夫です！

自分自身のプラスのエネルギー量を高めることで、あらゆる面でさらに好転していくことができます。

何を考え、計画し、実行しているかよりも、どのようなエネルギー状態にあるか、どんな感情を持っているかを意識しているほうが、はるかに大切なのです。

あなたのエネルギー・感情・思いがすべて！

「できるかなあ」
「できなかったらどうしよう」
「私には難しそう」

そんなふうにマイナスの「思い」にとられている方が、ふとした瞬間に、

「あ、できるかも!?」
「なんだかできそう！」

そう変わる瞬間を見るのが大好きです。

「できるかなあ」「できなかったらどうしよう」と思いながら、夢や願望実現を達成するのは至難の業です。

そういう状態でアクションを起こしたとしても、大抵はうまくいきません。

「自信のなさ」＝「エネルギーの低さ」が、すべての面でわるく現われるからです。

これまで高額な自己啓発セミナーや特別な訓練を受けても、その場限りで燃え尽き症候群となってしまう方を、私は数えきれないほど見てきました。

実は、私自身がその最たる人でした。

大きな夢や願望を強く口に出したり、紙に書いたりしても、ほとんどの方は潜在意識で「それは無理だよ」という〝反作用の力〟が働きます。

今まで、願望実現や引き寄せがうまくいかなかった方の原因は、そのことに尽きます。

たとえば、「人前に立つ仕事をしたい」と思っている方が、面接やオーディションで、「できるかなあ」「できなかったらどうしよう」とオドオドしていたらどうでしょうか？

よい〝オーラ〟が出ることもありませんし、いくら面接やオーディションを多く受けても、結果がついてくることはありません。

面接やプレゼンテーションだけではありません。仕事やプライベート、スポーツなどの趣味も含めて、すべてにおいて同様です。

プラスのエネルギーがあってこそ、オーラも強く輝くし、「ここ一番」で力を発揮できます。

マイナスのエネルギー・マイナスの感情・マイナスの思いでいっぱいの方であっても、それらが外れるとどうなるでしょうか？

「できるかなあ」は「あ、できるかも！？」に、「できなかったらどうしよう」は「なんだかできそう！」に、「私には難しそう」は「チャレンジする私はエライ！」に変わっていきます。

マイナスはプラスに大変身できるのです。

そうなれば、もうその時点でほぼ夢は叶っています。

プラスのエネルギー・プラスの感情・プラスの思いは、あなたを根本からガラッとプラスに変えます。

願望実現はプラスのエネルギーが十割です。

あなたこそが宇宙の中心

誰もが一日で〝次世代のエネルギー使いの超達人〟となれる『**エネルギーマイスター**』や、マイナスの感情をその場で整えることのできる〝願望実現の加速装置〟『**マインドフルネスタッピング**』講座では、「スプーン曲げ」の体験をしてもらったりします。

「金属のスプーンが曲がるわけがないよ」

そう思われている人のスプーンはビクともしません。

しかし、後述しますが、『エネルギーマイスター』で自分自身のプラスのエネルギー量を高め、『マインドフルネスタッピング』や『**リミットブレイクマスター**』という最新メンタルメソッドを使ってマイナスの「思い」を外すと、スプーンは瞬時に曲がります。

大人はもちろんのこと、最年少では三歳児も曲げています。

「エネルギー」は、それほどの大きな力を持っています。

あなたも、その「力」を潜在的に持っています。


「できるかなあ」「できなかったらどうしよう」と思っている人のオーラや雰囲気は、萎縮しています。

どれだけとりつくろっても、内面から漂う不安な様子（エネルギー）はまわりに伝わります。

でも、一瞬でプラスのエネルギー量を高めて、「心の背筋」が伸びたなら、活路が開き、明るい未来が開けていけるのです。


面接やオーディション、プレゼンに限らず、人と接する機会のある方は、不安な状態では、いくらがんばってもうまくいかないことを経験されていると思います。

人間関係、恋愛、家庭でも同じです。

誰もがマイナスのエネルギーを感じる人と一緒にいると、「自分も落ちてしまう」ことを知っているので距離をおこうとします。

脳科学でいうところの「ミラーニューロン効果」でも、〃不安〃〃心配〃〃イライラ〃などのエネルギーが相手に伝わってしまうことがわかっています。

一方、「大丈夫！」「どうやってもうまくいく！」と思っている人は、明るく温かいエネルギー、波動、オーラに満ちていて、それがまわりにも伝わっていきます。

その時点で、**「うまくいくことは決まっている」**のです。

「戦わずして勝つ」という最上策の世界です。

「行動量が多くても、うまくいかない人」の特徴はいくつかありますが、その最大たるものは、**「プラスのエネルギー量が低いまま行動している」**ことに尽きます。

いくらがむしゃらにがんばっていても、心の中がマイナスのエネルギー・マイナスの感情・マイナスの思いでいっぱいであれば、その人と向き合っている人は疲れるのです。

かつての私は数十年間、「うまくいかない人」の日本代表レベルでした。

「ああ、たくさんの人を疲れさせてしまっていた」と、私はかつての自分をときどき反省しています。当時のみなさん、ごめんなさい！

でも、それも失敗ではなく、大切な学び、経験でした。

あの発明王エジソンであっても、電球を開発するまでには、一万回も失敗していたそうです。

エジソン語録では、「一万回失敗したのではない。一万回、うまくいかない方法を発見したのだ」と残っています。なかなかの「プラスマインドの超達人」ですね。


何ごとも、気づいた瞬間から大切な「学び」に変わります。

「学び（失敗）」は、その後の幸せや成功の原動力に変わるのです。


もし、一生懸命にがんばっても、結果が出ないことがあったとしても大丈夫です！

それまで努力してきて、たくさんのアクションを起こされているあなたを私はリスペクトします。

あなたは、たくさんの「幸せと成功の種」を持たれています。

ほんの少しだけ〝**順番**〟が違っていただけなのです。

レストランなどで食事をするにも順番があります。
手が汚れていたら、先に手を洗ってから食事をします。
手が汚れている状態でパンを手で食べて、食べ終わってから手を洗うのでは「手遅れ」ですよね。
実際にはそんな人はいないはずですが、夢や願望実現、引き寄せの観点では、「順番を逆にしている人」がとても多いようです。

夢や願望実現、目標を叶えるには、アクションを起こす前に、自分自身のエネルギー・感情・思いを整えることが先決です。

私自身、その順番を守るようにしてから、それまで長年叶わなかった夢や願いが次々と実現するようになっています。

順番を守った時点で、ほぼ夢は叶います。

行動する前から、「勝負あった！」「合格！」「おめでとう～」の世界が広がっていきます。

今、何かうまくいかないことや叶わないことがあっても大丈夫！

これからは、きっと素晴らしい未来が開けていくはずです。
あなたの可能性が無限大であることは、私は誰よりも知っています。
夢や願望実現が叶うのは、まわりの環境とは関係ありません。
あなたのエネルギー・感情・思いが整えば、その瞬間から道は開けていきます。
なぜなら、あなたこそがこの宇宙の中心だからです。

世界を一瞬で変えるエネルギーの力

「すべては自分自身のプラスのエネルギー量と比例する」

それは、まぎれもない事実です。
自分自身のプラスのエネルギー量が高まるごとに、自分と自分を取り巻く状況が大きく好転していくことが実感できるはずです。

「自分自身のプラスのエネルギー量が上昇するだけで、他人までが瞬時に変わる」

それは、一般的には〝驚き〟以外の何ものでもないようです。

私自身、数十年抱えていた大きな問題が、自分自身のエネルギーを高めただけで解決しました。

そして、私のエネルギーセッションを受けていただいた方や、私の親しい仲間（私はリスペクトを込めて「虹の仲間」と呼んでいます）の大半は、あたりまえのように同様の体験をしています。

それは、量子力学の物理学者ヒュー・エヴェレット博士が発表した「多世界解釈（パラレルワールド）」理論でも説明できます。

多世界解釈は、現在でも研究と議論を重ねている段階ですが、多くの著名な物理学者が支持している科学的理論です。

多世界解釈理論を簡単に要約するなら、**「一人ひとりのエネルギー・感情・思いが、そのままダイレクトに瞬時に無限の宇宙と世界を創る」**という理論です。

とすれば、よい意味で自分自身のエネルギー・感情・思いに責任が出てきます。「一人一宇宙」と呼ばれているゆえんです。

なぜなら、自身のエネルギー・感情・思いによって、世界、地球、宇宙がどのようにも変化するからです。

近年の世界的混乱を経て、国内の政党でも素晴らしい党が現われてきています。

魂が目覚めた人、日本そして世界の平和を望まれている方が、国政に参加されはじめています。

〝魂の国民運動〟とも言うべき活動をはじめられる方が出てきていることは、希望そのものですが、政治で世界を変えるにはある程度の時間が必要です。

場合によっては五年から十年はかかり、その間は〝待つ〟必要があります。

私のエネルギーセッションや講座を受けていただいている方々は、一般の方に加えて、芸能界で活躍されている方、経営者、起業家、プロスポーツ選手や監督、大学教授、医師、ご住職、気功や合気道など武術の師範、職人、クリエイター、学生さん等々、多種多様です。

その中の一人に国会議員の方がおられます。

その方とお会いすると、「政治の世界は魑魅魍魎ですよ」といつも聞かされます。

その方は、日本の国家や国民のことを第一に活動されているのですが、政治の世界では残念ながら、崇高な理念よりも目先のお金や権力に重きをおいている人のほうが多いと、いつも嘆かれています。

そんな世界において、国や民のために日々がんばってくださっている姿にはリスペクトしかありません。

ただ同時に、**「もっと早く、確実な方法がほしい」**とも思うのです。

たとえば、先述の「多世界解釈」によれば、自分自身のプラスのエネルギー量を高めることで、世界は瞬時によいものへと変えることができます。

政治による変化に比べれば圧倒的に早く、ダイナミックに変化できます。

一般論では、「そんな夢物語はあるわけないよ」と言われるはずです。

ただ、私自身や私が知る「虹の仲間」たちが体験している、ほとんど〝瞬時〟と言ってもよいほどの人生の好転スピードは、一般論や常識とは相当かけ離れています。

そこには〝奇跡があたりまえ〟の世界が広がっているのです。

私は、そういう体験例をたくさん知っています。


その意味でもエネルギーマイスターのメソッドは、私たちのみならず次世代を担う子どもたちにとっても、〝和の心〟にあふれた素晴らしい世界を創る最短ルートだと確信しています。

それはまさに、**「リアルパラレルワールド」**の超加速装置そのものです。

世界平和の一番の近道です。


エネルギーマイスターをワンネス（宇宙の中心、根源）から授かってから約十年。すでに数千名以上の方が〝和のエネルギーメソッド〟を実践し、広げてくださっています。

それらの方々へは、深い感謝の気持ちしかありません。

自分自身のプラスのエネルギー量を高めていくことで、魂も成長していきます。

次は、あなたの番です！

世界は一瞬で変えることができます。

あなたは、それほどの大きな力を持っています。

人生の質はエネルギーの質と比例する

お金やモノをたくさん持っている成功者であっても、絶え間ない不安や恐怖、欠乏感、ストレスなどを感じている方は少なくありません。

毎年、著名人や芸能人が自ら命を絶たれる悲しいニュースがあとを絶ちません。その方々は、富や名声は山ほど持っているのです。

通常であれば、多くの人々に〝夢と希望〟を与えるはずの方々が、人生に疲れて命を絶ってしまう……私はそんなニュースに触れるたびに驚き、悲しみとともに強いやるせなさに襲われます。

その方々は、まわりから見ると富や名声、権力などを持っていますが、実際には**「マイナスのエネルギー」**に支配されていたのです。

「もし、私や虹の仲間たちと出逢ってくれていたら……」

「もし、エネルギーマイスターをお渡しできていれば……」

私は、いつも悔しさに包まれます。

「富や名声や権力があれば、素晴らしい人生が送れる」というのは幻想です。

逆に、富や名声や権力の部分だけに群がるネガティブな人もたくさんやってきます。

もちろん、富や名声自体はわるいものではありません。

ただ、自分自身のエネルギー・感情・思いの質を高める大切さを知ることも必要です。

お金やモノをたくさん持っているから、幸せな人生になるのではありません。
先に自分自身のプラスのエネルギー量を高めることで幸せになるから、その状態が求心力となって、お金やモノが自然とやってくるのです。

「人生の質」は「エネルギーの質」と比例します。

〝あたりまえ〟と思う日常の中に、感謝、喜び、幸せを見い出せる人は、その時点ですでに幸せになっている〝**成幸者**〟です。

私は、〝成功者〟よりも〝成幸者〟になりたいと思います。

あなたにも、できればそうなってほしいと願っています。

あなたの感情と同じ状況を引き寄せる

すべての感情は、必要があって備わっています。

そして、感情を含むエネルギーは同じ種類のものと同調します。

悲惨さ、つらさ、恐怖などの感情（エネルギー）をずっと持ち続けている人には、より悲惨なこと、つらいこと、恐怖をともなう状況がやってきてしまうのです。

最新物理学の量子力学でも、そのことは「**波動の共振現象**」として明らかになっています。

わかりやすい例では、音叉の共鳴実験があります。

同じ周波数を持つ音叉を二つ並べて、一つの音叉を叩いて鳴らすと、もう一つの音叉も鳴り出します。波動（エネルギー）が伝わることで起こる共鳴現象です。

以前、動物が虐待されている画像をＳＮＳにアップして、「動物虐待をなくそう！」と訴えている知人女性がいました。私のエネルギーセッションも受けていただいている方でした。

先ほどの量子力学的観点から考えると、実はこの行為は危険です。結果として、さらに動物虐待を増やす可能性があるからです。

「え？　どうしてだめなの？」

そう思われる方もいるかもしれません。

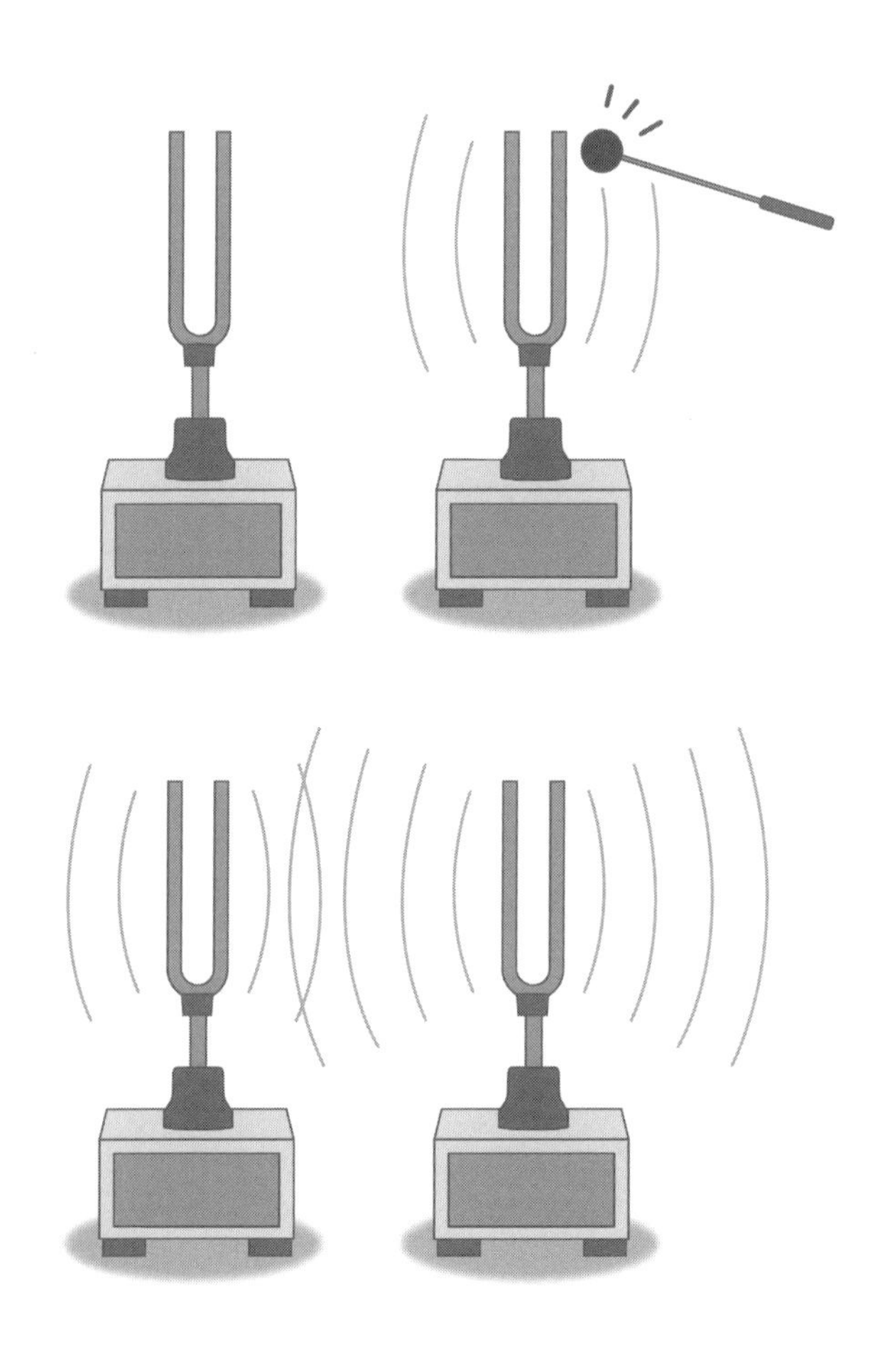

同じ周波数で共鳴する音叉の例。現実も同じである。

量子力学的観点では、「虐待されている動物を助けたい」と思うことによって、虐待されている動物が無限に現われてしまうことになるためです。

かつてノーベル平和賞を受賞したマザー・テレサさんは、終生一度たりとも「戦争反対集会」には出席されなかったことが知られています。

逆に、「平和集会」であれば険しい山の奥地にも赴かれています。

賢者でもあったマザー・テレサさんは、「戦争反対」を訴えることで、戦争の連鎖が起こることを知っていたのです。

「戦争反対」という考えや言葉は「戦争」をイメージさせます。そして、そのイメージ通りに戦争が起きていきます。

反対に、「平和」を意識する人が増えることによって、平和が広がっていくのです。

別の例では、「ガンになりたくない！」と強く思い、ガン予防の対策を講じている人がガンになってしまうことも知られています。

実際に私の知人でも、若くしてガンで亡くなった方がいます。

生前、「ガンにだけはなりたくない」と言いながら、ガン予防の各種サプリメントや薬を服用していました。

「動物虐待反対」を訴えていた彼女は、動物保護のために善意で行動していました。それは私も知っています。

でも、私は思いきって、彼女に「このようなことは、やめたほうがいいですよ」とお伝えしました。

彼女は私の量子力学的観点の話を聞いて、「そのようなことは初めて知りました」と最初は驚かれながらも受け入れてくれました。そして、すぐに記事を消されました。

その後、彼女にどんな変化が起こったと思われますか?

当時、彼女は恋愛で悩んでいたのですが、記事を取り消すとすぐに、悩みの種であった彼氏との間に大きなトラブルが起こって別れることになったのです。

「そのことと動物虐待反対の記事の取り下げと、なんの関係があるの?」と混乱される方もいるかもしれません。

でも、全部つながっているのです。

「D＝PK」という**「エネルギーの絶対公式」**が発動するためです。

「エネルギーの絶対公式」の仕組み

「D＝PK」について説明させていただきます。

「D」は「ドリーム」を意味しています。

ドリーム（夢や願望）は仕事、お金、人間関係、恋愛、健康など、すべてに関する願いごとです。

「PK」は「プライベート感情」です。それぞれの個人が持っている感情のことです。

つまり、今、あなたが持っている感情と同じ種類の仕事、お金、人間関係、恋愛、健康などを引き寄せるという公式（意味）なのです。

たとえば、ものすごく仕事をがんばっている経営者がいるとします。もし、その方のご家族が思わぬ大きな怪我やトラブルに巻き込まれたら、通常であれば、その方は〝動揺〟します。

〝動揺〟とは不安定になってざわつくことですから、その方の心の中は〝不安〟〝心配〟〝悲しみ〟などでいっぱいになるでしょう。

その〝動揺〟が大きければ大きいほど、会社の業績も連動して低下していきます。そういう体験をされたことのある経営者の方は、けっこう多いのではないでしょうか。

業績低下の原因が家庭のプライベートな事情によるため、経営会議やコンサルタントでは解決できません。

私のもとには、そのような状況になられた経営者たちも訪ねてきます。

私のエネルギーセッションでは、会社の問題の〝最大原因〟である経営者のプライベート問題に対する不安、心配、恐怖、怒り、悲しみなどをその場で解消していきます。

問題の内容は、いっさいお話しいただく必要はありません。それでも確実に対応できますし、私が行なうセッションはそこまでです。

その後は、業績が大きく上向きになっていく場合がほとんどです。

多くの従業員を抱えている経営者に限らず、個人事業主や一般の方であっても同じです。

戦国時代にたとえるなら、敵は外ではなく、「敵は陣中にあり」です。

それもほとんどの場合、敵は自分の心の中にあります。

「敵は心中にあり」なのです。

不安、心配、恐怖、怒り、イライラ、悲しみ等々のマイナスの感情（エネルギー）を長期にわたって持ち続けていることこそ、最大の敵です。

逆に言えば、自分自身の過剰なマイナスの感情を手放していけば、すべての面でダイナミックに好転します。

すべての〝活路〟はここにあるのです。

〝いやなこと〟〝ピンチ〟〝逆境〟はワンネスからのテスト⁉

先述の彼女は、動物虐待は「いやだ、いやだ」と考え続けていました。その結果、そのプライベート感情（PK）と同じような、〝いやな〟気分になる恋愛（D）を引き寄せていたのです。

動物虐待の記事を掲載することをやめたら、彼氏とうまくいかなくなって別れた――それは一見、よくないことのように思えます。たしかに彼氏と別れるまでは少し大変だったようですが、すぐに新しい出逢いがあり、今では結婚を見据えて幸せな恋愛をされています。

「D＝PK」という「エネルギーの絶対公式」の観点から言うと、動物虐待の記事を載せ続けていると、彼女はそのままズルズルとつらい恋愛をすることになっていたはずです。さらには、恋愛以外でも〃いやなこと〃が多発していたでしょう。

常に「動物虐待はいやだ」と考えていたころの彼女は、顔つきも険しかったと言います。そのためか、元カレも険しい表情をされていて、よくキレることがあったそうです。

でも、彼女は動物虐待の記事掲載をやめました。そして、恋愛の質が変わったのです。パワハラに近い元カレとの〃つらい我慢の恋愛〃から、やさしく包容力のある新しい彼氏との〃幸せな恋愛〃に変わりました。

また、今度は〃動物愛護〃に意識を変えたために、彼女のお顔も本来の柔和な表情になられています。

今では彼女とのエネルギーセッションを重ねるごとに、恋愛だけでなく収入がアップしたり、楽しい仲間が増えたり、ほかの面でも喜びが倍増しているというれしいご報告をいただいています。

彼女の持つプラスのエネルギー量が高まったために、理想の世界を引き寄せたのです。

あなたのプライベート感情も、仕事、お金、人間関係、恋愛、健康など、すべての基盤となっています。

あなたのプラスのエネルギー量が上向きになると、すべてが上向きに好転していきます。

ここで、もう一つ大切なことがあります。

「よいことが起こる前には、先にいやなことが起こることが多い」ということです。

一〇〇%そうなるわけではありませんが、そうなることが多いのです。

一見、ピンチや逆境と思われることには、同時に素晴らしいチャンスもともなっています。

別の言い方をすれば、**〝ワンネスからのテスト〟**がピンチとして先に現われるということです。

ゲームにたとえるなら、〝敵〟を倒すことを自身の成長の証しとして、さらなる上のステージに立つということです。

人生のピンチも同じです。ワンネスから魂の成長を促されている証しです。

ピンチを乗り越えることで自身のレベルアップができ、結果としてチャンス（幸せやご褒美）が得られるのです。

マイナスの出来事が起こる本当の意味

このところ、日々、大きく地球の波動が上がっています。

エネルギー的には〝追い風〟が吹いていると言ってもよいでしょう。

そんな中、ときとして「なぜ、こんなことが!?」といった大ピンチや逆境の瞬間もあるかもしれません。もちろん、私にもあります。

期待していたことがうまくいかなかった。「できていて当然」と思っていたことができていなかった。

そういうときは落ち込みますよね。

かつては私自身、そんな場面では頭を抱えてとことん落ち込んでいました。

でも、今は違います。**「マイナスの出来事が起こる本当の意味」**を知っているからです。

先日、私のエネルギーセッションを定期的に受けていただいている方から、「面接に落ちた」という連絡がありました。仕事のキャリアアップのためには、どうしても合格しておきたかったそうです。

その方は最初落ち込まれていましたが、もし私が同じ状況であれば、「やった！」と喜びます。

会社員だった私は二〇一一年に突如リストラされて、起業してからこの十三年間、同様のケースを何度も経験しています。

なぜ喜ぶかと言うと、「さらによい場所が待っている」というサインだからです。

それこそが、マイナスの出来事が起こる本当の意味です。

もちろん、なんの努力も事前準備もしていなければ、それなりにうまくいかなくても当然でしょう。

でも、それらの準備を行なっていてもうまくいかなかった場合は、ワンネス（宇宙の中心、根源）からの「もっとよいこと（場所）があるよ」という、うれしいサインであることがほとんどです。

実際、先ほどの面接に落ちた方は、セッション後に別の会社の面接を受けて合格されました。採用条件も、面接で落ちた会社よりもはるかに好条件となったとのことでした。

プラスのエネルギー量が高まり、日々の感謝の思いが増していくと、その高い波動エネルギーに合わないことや、一見よさそうに見える〝落とし穴〟は、ワンネスがストップをかけてくれます。

それこそが、人知を超えたワンネスの深い愛であり、宇宙の不変原理です。私自身、ワンネスにどれほど助けられたか数えきれません。

落ち込むようなことには、すべてプラスの意味があります。

すべては、あなたの「天命」「使命」に沿った魂の成長のために起こっています。

マイナスの出来事は、さらなるチャンスの招待状なのです。

「夢」や「願望実現」、「引き寄せ」の最大の求心力は、何をどれだけがんばったか、どれだけ綿密に計画を立てたかではありません。

それらを行なうときに、「どんなエネルギー、感情、思いだったか」で決まります。

何かを得ようとする前に、まずは自分自身のプラスのエネルギー量を高めましょう。

そのうえでアクションを起こすと、驚くほどスムーズに夢や願望が叶うようになっていきます。

エネルギー・感情・思いの三つが、マンションの建物で言えば、基礎部分と一階、二階にあたります。

「計画」や「アクション」などは、マンションの三階以上の部分です。

これまで夢や願望実現。引き寄せがうまくいかなかった方は、基礎や一、二階部分を飛ばして高層階を立てようとしていたのです。

〝順番〟を守れば必ずマンションが建つように、あなたの夢や願いも必ず叶います。

エネルギーを感じてみよう！

プラスのエネルギー量を高めるためには、まず自分自身の**「エネルギー体感力」**を高めることが大切です。

たとえば、プロの料理人であれば、味覚を磨く必要がありますし、音楽家であれば、良い音とそうでない音とを見分ける聴力が必要であることと同じです。

ここでは、「エネルギー体感力」を高めるためのワークをご紹介します。

どれも簡単にできる方法です。少しずつ実践することによって、確実にエネルギーが身近になっていきます。

ワーク❶ エネルギー体感力を高める

1 自然の中やリラックスできる場で、心地よさを味わう

「えっ？　そんな簡単なこと？」と思われるかもしれませんが、実際にとても効果があります。

公園や神社、砂浜、落ち着いた隠れ家のカフェなど、あなたにとってリラックスできるポイントで、ただリラックスしてみてください。

その際は、スマホやパソコンからは離れてください。その間だけ、自然から伝わってくる心地よさやエネルギーをシンプルに五感で感じとってみてください。

2「スリー・ステップ」で食べる

食事は、三つのステップで食べてみてください。
やり方は、次の通りです。

①　食事や飲みものに目を向けて、「美味しそう～」とワクワクする

②　口に運んだら、「美味しい～」と感動する

③　食事が終わったら、「ごちそうさまでした。美味しかった～」と感謝する

このときの注意点としては、スマホ、パソコン、テレビなどを見ながらの〝ながら食べ〟はしないことです。ただ、目の前の食事に集中します。

その際、食材そのものや、それを育ててくれた人、料理をしてくれた人などに思いを馳せてみましょう。味覚や嗅覚などを含め、食材の持つエネルギーを味わえるようになっていきます。

第1章

プラスのエネルギー量を高める七つの方法

一　あるがままの自分を認める

序章では、「エネルギーが変わるとすべてが変わる」ことをお伝えしました。

ここからは、「プラスのエネルギー量を高める方法」をお伝えします。


プラスのエネルギー量を高めるには、大きく分けて二つの方法があります。

一つは肉体面で、有機野菜や無農薬野菜を選んだり、無添加の調味料を使ったり、適度に体を動かすなど、主に「食」「運動」「睡眠」の質を高めます。

もう一つは、自分自身のエネルギー、感情、潜在意識レベルの思い（思い込み）、オーラなど目に見えざる領域のことで、ここでは二つめの方法について解説していきます。


まず前提として大切なことは、**「プラスのエネルギー量は自己受容と連動する」**ということです。

「自己受容」とは、**「あるがままの自分を認め、愛する状態」**のことです。

自分を信じている状態、自信にあふれている状態です。

自信は根拠のないものでかまいません。むしろ根拠は不要です。


実際、「〇〇さえあれば、幸せになれる」「〇〇さえあれば、自信が持てる」「〇〇さえあれば、不安や心配から解放される」というのは〝幻想〟です。

もともと、自身の心の中に〝不安〟〝心配〟〝恐怖〟が巣くっているわけですから、「〇〇」を手に入れたとしても、新たな不安・心配・恐怖の種が湧き上がってきます。

「〇〇さえあれば、〇〇ですよ！」

世の中は、そんな広告やＣＭ、誘惑にあふれています。

「〇〇さえあれば、幸せになれますよ」という甘い言葉は、「〇〇がなければ、幸せになれませんよ」という〝恐怖〟を潜在的に植えつけている場合がほとんどです。

〝恐怖〟は一番、お金になるからです。どんなにお金持ちであっても、強盗に遭えばすべてのお金を渡します。

そこまで極端ではなくても、潜在意識に〝恐怖〟が刷り込まれると、人はその恐怖から逃れる方法（商品、サービスなど）を探し求めます。


私たちは、その〝罠〟にはまらないようにする必要があります。


もちろん私は、お金を得ることや、お金自体がわるいと言っているのではありません。

実際には、お金自体は〝愛のエネルギー〟であり、尊く、素晴らしいものです。

ただ、「〇〇さえあれば、〇〇ですよ」という思い、たとえば「お金さえあれば、幸せになれますよ」といった思いは幻想だということです。

そういう思いの状態は、「今、〇〇を持っていない」と宇宙に宣言していることと同じです。

すると、宇宙は「その通りです」と〝持っていない〟状態を創ります。そのことは量子力学でも明らかになっています。

「心の奥の思いは、そのまま具現化する」のです。

ちなみに、〝心の奥の思い〟と〝思考〟は別のものです。

思考とは表面上の思いです。たとえば、「お金がほしい」「健康になりたい」などです。

一方、心の奥の思いは、〝心の中にある本質的な思い（思い込み）〟です。無意識の領域にある潜在意識です。

本書でお伝えしている〝思い〟とは、〝思考〟ではなく、〝心の奥の思い〟のことです。


私たちが、まずやらなければならないことは、永遠に出口のない「○○」を手に入れることではなく、すべての土台である自分自身のプラスのエネルギー量を高めることです。

車にたとえるなら、高額なナビゲーションシステムや快適な音響システムを購入したとしても、車自体のエンジンが故障していれば走ることができません。

まずは、〝エンジン（馬力）〟を含む車自体の性能を高めることです。そうして初めてナビゲーションが役に立ち、音楽を楽しむことができます。

自分自身のプラスのエネルギー量を高めていきましょう。

そのためには、**「あるがままの自分を認める」**ことが近道です。

二 〝自信〟に根拠は不要

かつての私は約半世紀もの間、自分に自信が持てませんでした。

「どうすれば自信が持てるようになるだろう」と考え続けました。同時に「なぜ、自信が持てないのだろう」とも考えました。

すると、さまざまなことが浮かんできたのです。

「お金がない」

「病弱だ」

「気力が出ない」

「太りすぎて体がしんどい」（当時の私はものすごく太っていました）

「ここ一番で緊張してしまう」

……まだまだとめどなく〝自信が持てない理由〟が出てきました。

自己受容とはほど遠い状態です。そういう自分がいやでたまりませんでした。その状態は二〇一一年三月一〇日まで続きました。

翌日の一一日に起きた東日本大震災を機に、それらの「マイナスの思い」は一気に外れていったのです。

そのとき私の体の中で、さまざまな思いが駆けめぐっていました。

「今、こうして自分は生きている。それだけでいい！」

「生かされている人生、残された人生を、多くの方々が笑顔となるお手伝いに捧げよう！」

「そのために、自分が地球に生まれてきた目的を果たそう！」

「〝どうせ無理〟という思いが、〝やってみよう！〟という思いに変わるメソッドを創ろう！」

「世界が一つになる瞬間を仲間たちと一緒に見よう！」

「素晴らしい地球をみんなで創って、次世代に手渡そう！」

〝何か〟が、宇宙から私の中にダウンロードされたような感覚がありました。

そして、その〝何か〟の力によって、本書でお伝えする『エネルギーマイスター』をはじめ、

『マインドフルネスタッピング』『リミットブレイクマスター』『ディメンションライザー』『ワンネスマスター』等々、さまざまなメソッドを授かったのです。

本書を読まれているみなさまには、先にも述べましたが、再度、次のことをお伝えしたいと思います。

「自分自身のプラスのエネルギー量は、自己受容と連動する」
「あるがままの自分を認め、愛する」
「自信は根拠のないものでかまわない。むしろ根拠は不要」

ここで、**「毎朝の〝ありがとう〟習慣」**という方法をご紹介します。

この方法はとても簡単ですけど、習慣としていくことで確実に「自己受容」と「プラスのエネルギー量」を高めることができます。

やり方は次の通りです。

ワーク❷「自己受容」と「プラスのエネルギー量」を高める方法

1　朝起きたあと、鏡に自分の顔を映して見る

その際、あえて〝ぼんやり〟と見ることがポイントです。

2　鏡の自分に向って、「ありがとう。愛してます」とやさしく声をかける

「愛してます」が照れくさい場合は、「ありがとう」のみでも大丈夫です。ニッコリと微笑みながら行なってください。時間は十秒から数十秒程度でかまいません。まわりに人がいるときは、心の中で思うだけでもＯＫです。

3　以上、毎朝繰り返す

朝だけではなく、日中も鏡の前で数回行なうと、効果はさらに高まります。

また、次章で解説しますが、両手の手のひらの側面同士を心地よい強さでトントンと十秒から数十秒、リズミカルに叩き合わせる「マインドフルネスタッピング」を加えると、効果はもっと上がります。

寝起きやリラックスしているときは、脳波はミッドアルファ波が出ています。

そのとき、自分自身に向って「ありがとう」「愛してます」などのやさしい言葉をかけると、脳は「自分は必要とされている」「自分は愛されている」と認識します。潜在意識は自他の区別がつかないからです。

そうすることによって、自己受容、プラスのエネルギー量の両方を高めていけるのです。

反面、ストレスなどの緊張状態にあるときは、脳波はストレス優位のベータ波もしくはガンマ波となっていますので、「ありがとう」「愛してます」などの言葉は潜在意識に落とし込むことができません。

コップにたとえるなら、ストレスによってコップに〝フタ〟がされている状態です。フタの上から飲みものを注いでも、コップの中に溜まらずにこぼれてしまうのと同様、緊張状態ではプラスの言葉を発しても潜在意識には届かないのです。

日中は、ほとんどの方が若干の緊張状態にあります。

そこで〝朝〟なのです。

寝起きの状態は、まだ〝心のフタ〟が開いているため、「ありがとう」「愛してます」などのプラスの言葉が、心の奥まですっと入っていきやすいからです。

先ほどの「マインドフルネスタッピング」は、脳波をミッドアルファ波状態にしてくれますので、併用することでさらに効果が高まります。

三　〝魔法の言葉〟を使う

言葉にはエネルギーが宿っています。そのエネルギーは〝言霊（ことだま）〟とも呼ばれています。言葉の持つエネルギーで運気を上げることができます。

運気を上げる〝魔法の言葉〟とは、「大丈夫」です。

拍子抜けするくらい、よく使う普通の言葉ですよね。誰もが〝無意識〟に発しているはずです。ただ、その際の〝イントネーション〟がとても大切です。

このことは意外と知られていないかもしれません。

「大丈夫」という言葉自体はやさしい響きですが、たとえば何か新しいことに挑戦することを伝えた場合、「大丈夫?」と語尾を上げて使う方がいます。

実は、そこに願望実現の〝落とし穴〟が隠れています。

「大丈夫?」と語尾を上げて使うときは、不安や心配がベースになっており、相手や自分自身もほとんど信頼できていない状態と言えます。

そのため、プラスのエネルギー量を下げてしまうのです。

また、「大丈夫?」に隠れている不安や心配のエネルギーは、相手にも確実に伝わります。

なぜなら、前章でも述べた「ミラーニューロン効果」によって、「大丈夫?」と心配したり、されたりすると、相手の脳内にも不安や心配が芽生えてしまうからです。

その結果、(あなたにできるの?)(できなかったらどうするの?)という〝マイナスの心の声〟の通りとなってしまう可能性が高くなります。

このことは自分自身に対しても同じです。

自分に対して「大丈夫?」という言葉を投げかけると、「大丈夫かなあ」「できるかなあ」「できなかったらどうしよう」など、不安や心配の気持ちが増していきます。

そうすると、前章でお伝えした「D＝ＰＫ」という「エネルギーの絶対公式」が、マイナスの意味で発動してしまいます。

では、どうすればよいのでしょうか?

簡単です。

「大丈夫?」を**「大丈夫!」**に変えるだけで解決します。

つまり、語尾上げの「大丈夫?」を「大丈夫!」と断言する形にするのです。それだけで、その後は自然にエネルギーと運気が上がり、好転していきます。

なぜなら、「大丈夫!」には〝信頼のエネルギー〟が含まれているからです。

まさに〝魔法の言葉〟なのです。

これからは、相手にも自分自身にも「大丈夫?」と声をかけそうになったときは、「大丈夫!」に変えてみてください。

生命エネルギーがアップし、その後の運気もアップしていきます。

あと、「大丈夫!」と伝えるときですが、大切なことが一つあります。

それは**「根拠はなくてもよい」**ということです。

なぜなら、**「誰もが宇宙の創造主」**だからです。

あなたが存在しなければ、「あなたの宇宙」は存在しません。

あなたこそが「宇宙の中心」であり、あなた以外に代わりになる人は存在しません。

唯一無二の素晴らしい存在であるあなたが、「大丈夫！」と思い、声に出したのですから、その通りになるしかないのです。


レッツ、大丈夫！

あなたの未来は輝いています。

四　過剰な心配をしない

〝確かな情報〟や〝確かな対策〟はもちろん大切です。

でも、実際には〝不確かな情報〟や〝不確かな対策〟があふれています。

不確かな情報の代表格としては、テレビのワイドショーやニュースなどの一方的なネガティブな情報があります。

ワイドショーのコメンテーターにしても、確かな情報を持っている専門家というよりは、お茶の間に受けやすい、視聴率がとれる専門外の方が多いようです。

彼ら彼女らが〝私見〟を述べるというパターンがほとんどですが、私見だけなら誰でも語れます。

特に根拠や論理のないネガティブな私見や、感情的な私見となると、ご近所さんの井戸端会議や噂話と同じです。


たとえば、新たに何かを自分自身ではじめたり、道を開いていきたい方は、**〝すでに自分自身で道を開いた人〟**に意見を聞く必要があります。

〝自分自身の道を開きたいと思っているけど、できていない人〟の意見を聞いてはいけません。

それらの人たちは**〝ドリームキラー〟**と言われ、必ず「無理だよ!」「失敗したらどうするの?」などの言葉を投げかけてきます。

でも、あなたが夢や使命をあきらめても、別に責任をとってくれることはありません。

ですから、不確かな情報や不確かな対策、ドリームキラーなどに振り回されて。〝**過剰な心配をしない**〟ようにしましょう。

そのためにも、確かな情報を持っていて、すでに成功されている方と接することはとても大切です。

五　エネルギーのおこぼれをもらう

今の時代、エネルギーを高める方法を知っておくことはとても大事ですが、すぐ使えるものとして、**「エネルギーレベルの高い人のおこぼれをもらう方法」**があります。

〝おこぼれをもらう〟と言っても、「何か、おごってください♪」とおねだりするのではありません。

体が冷えているときにお風呂に入ると、体が温かくなることと同じです。よい意味で〝他力〟を使うのです。

ちなみに、〝エネルギーレベルが高い人〟と〝テンションが高い人〟はまったく違います。

「イエッ〜〜イ！」といったノリはテンションであり、〝一時的〟にエネルギーが高い状態です。

むしろ、いっときの急激なテンションの上昇は、その反動でエネルギーが急降下して、ぐったりしてしまうことが多々あります。

いわゆる〝燃え尽き症候群〟のような状態となってしまうのです。

ほんとうにエネルギー状態の高い人とは、大きな感情の起伏がなく、ニコニコと自然体でいる人です。

私のイメージで言えば、映画『スター・ウォーズ』のヨーダや、アニメ『それいけ！アンパンマン』のジャムおじさんのような人です。

あなたのまわりにそういう〝自然体〟の方がおられたら、ぜひ逢いにいってみてくださいね。

他力を使うもう一つの方法として、**〝エネルギーの高い場所に行く〟**ということがあります。

自然が豊かで心地よさを感じる場所にいると、自分自身のプラスのエネルギー量も自然に上がっていきます。

私の場合で言いますと、伊勢神宮です。

私は国内外のさまざまなパワースポットを訪れていますが、伊勢神宮は別格のパワースポットだと思っています。

六　夢の大小を入れ替える

私は初対面の方に、最初に必ず聞くことがあります。

それは、「最近、どんなよいことがありましたか?」ということです。

ほとんどの方は一瞬、間をおいてから、「あまり大きなことはないですけど、小さなことならあります」と答えます。

内容としては、「雨に濡れずにすんだ」「美味しくて素敵なお店を見つけた」「家族や友人と出かけることができた」等々です。

私は続けてうかがいます。

「では、大きな夢とは、どんなことですか？」

この質問には、「気に入った家に引っ越したい」「海外旅行に行きたい」「自分で何か新しいことをはじめてみたい」などの言葉が返ってきます。

私もかつては同じように思っていました。

ただ、その夢や願いが叶うことはありませんでした。

今はその理由がわかります。

〝エネルギーの慣性の法則〟が働いていたためです。

慣性の法則とは、力を加えない限り、静止している物体はそのまま静止し続け、動いている物体は、速度を保ったまま真っ直ぐに進み続けるという、物理的な性質を表わした法則です。

この法則は、重量が大きいほど強く働きます。速いスピードで飛んでいる紙飛行機はすぐに止めることができても、同じスピードで飛んでいるジャンボジェット機はなかなか止めることができません。重量が大きいからです。

〝エネルギーの慣性の法則〟も同じように働きます。

大きな夢として、「大金持ちになる」「家族や友人と豪華客船で世界一周旅行する」「宝くじで高額当選する」などの夢を持っていると、それらが現実化しない限り、ほかの夢や願いも叶わなくなってしまいます。

〝大きな夢〟がその場で〝止まっている〟ため、その他の〝小さな夢〟も動きようがないからです。

たとえるなら、犬の散歩中、体の大きな飼い主がその場にじっと立っていれば、飼い犬は動くことができません。飼い主のほうが重いためです。

では、どうすればよいのでしょうか?

「夢の大小を入れ替える」のです。

この方法はとても簡単ですけど、とてつもないエネルギーとなります。

その大きなエネルギーが磁石のような求心力となり、夢や願望実現、引き寄せを加速させてくれます。

ほとんどの方が、大きな夢というと〝大金〟や〝モノ〟を思い浮かべます。

私は、それらは小さな夢だと思っています。

私が思う大きな夢とは、〝自分が生きていること〟〝自分が健康であること〟〝家族が生きていること〟〝家族が健康であること〟〝ご縁のある方が生きていること〟〝ご縁のある方が健康であること〟です。

たとえ数億円の宝くじに当選したとしても、同時に余命一カ月の病気が見つかったとしたら、数億円と引き換えてでも生きたいと思うはずです。

つまり、**あなたはすでに〝大きな夢〟を叶えられている**ということです。

今の時点で、大きな夢や幸せを持っている〝**成幸者**〟です。

そのことが腑に落ちると、大きな感謝に包まれます。その後は、さらに夢や願いが叶っていきます。

〝エネルギーの慣性の法則〟が働き出すためです。

私はそのことを忘れないために、いつも行なっている日課があります。
やり方は、次の通りです。

ワーク３　夢の大小を入れ替える方法

１　寝る前に、「大いなる存在」に向かって感謝する

「大いなる存在」とは、ワンネス、宇宙の中心、宇宙の根源です。神様と言ってもよいでしょう。

自身のしっくりくる呼び方でよいのですが、大いなる存在へ、「今日もありがとうございます」と伝えます。

2　翌朝、一番起こってほしい「大きな夢」を思い浮かべる

一番「大きな夢」とは、「生きていること」「健康であること」などです。

3　ニタニタ、ワクワクしながら就寝する

ニタニタする、ワクワクするということは、ほどよくリラックスできている状態です。

4　翌朝、目が覚めたら「大きな夢」が叶っているかどうか確認する

「生きていること」「健康であること」「手足が動くこと」「声が出ること」等々を確かめて、それらができていたら、「やった！」と素直に喜びます。

5　「大いなる存在」に向かって感謝する

「大きな夢が叶ないました。ありがとうございます」と唱えます。

そのまま感謝、感動の中で一日を過ごしていると、さらにプラスのエネルギー量を高めていくことができます。

七　心配より信頼する

私がとても大切にしていることがあります。
「心配より信頼」です。
そのことを意識することで、プラスのエネルギー量も大きく高まります。
私は二〇一一年二月、そのことを身をもって体感しました。
長年勤めていた会社から突如、リストラされたときでした。

私は幸いにも、ヘッドハンティングでかなりの好条件で次の会社が決まっていました。

ところが、最終契約日に突然、「この会社には行きたくない！」という気持ちが湧き上がってきたのです。

「行きたくない！」というよりは、「行ってはいけない！」という感覚でした。

自分でも意味不明です。次の会社に行かないということは、当面、私は無職になるということです。

でも、その気持ちには何かがあると〝感じた〟のです。


その気持ちを恐る恐る妻に打ち明けました。

普通に考えれば、次に行くあてもなく、好条件で決まっていた会社の就職を取りやめるとなると猛反対されたことでしょう。

でも、妻はすぐに「いいんじゃない」と言ったのです。

きょとんとしている私に向って、「きっと、なんとかなるよ！」と続けました。

その澄んだ瞳には、不安や心配はいっさいありませんでした。

そのときの妻の言葉があって、今の私があります。

妻は私を**信頼してくれた**のです。

実際、私はとてつもない借金を抱えていましたが、妻は〝心配〟ではなく〝信頼〟で応援してくれました。

その後、私は一念発起して起業し、一般社団法人『イーモアマインドクリエーション協会』を立ち上げました。


そのとき以来、私は「大丈夫かなあ……」と心配しそうになったときは首を振り、ワンネスから授かったマインドフルネスタッピングやリミットブレイクマスターを行なって、不安や心配の気持ちを手放します。

すると、「大丈夫！」に変わります。

そうして、かつて妻が私を信頼してくれたように、私もまた自分自身や他人を信頼するようになったのです。

そうなると、ほとんどのことが思った通りにうまくいきます。

もう一つ、私の心の底に落とし込まれたエピソードがあります。

忘れもしません、東日本大震災の直後のことでした。

自分の無力さ、非力さに苛まれた私は、居ても立ってもいられず、被災地に出向いてボランティア活動をさせていただきました。

その後、自宅に戻り、新大阪の会場を借りて、何度か「東日本復興イベント」を主催しました。その収益をすべて義援金としてお渡しするためです。

イベントのゲストとして、私の恩師であり、自らも被災された仙台市の著名な気功の先生に、ご登壇いただいたことがありました。

師は被災直後にもかかわらず、十数時間かけて車で駆けつけてくれました。

当日は、友人や知人、セミナー仲間、受講生のみなさんが、四国、奈良、兵庫、大阪などから、持ちきれないほどの救援物資と義援金を持ってきていただきました。

師からは、被災地の状況を詳しく話していただきましたが、その際の師の言葉が頭に焼きついています。

「今日は、たくさんの方にお集まりいただきまして、ありがとうございます。みなさんの温かい気持ちを仙台の仲間に届けます！

今こそ、みなさんのパワーと笑顔が必要です。みなさんならできます。これからは、あなたたちの時代です。日本を元気にするのは、あなたたちなのです！」

微笑みをたたえながらそう語る師に、逆にこちらが勇気と感動をいただきました。

師は続けます。

「**エネルギーが上がれば、心配や恐怖にも勝てます。みなさんも、どうか明るい方向だけを見てください。**

僕たちのことを決して心配しないでください。心配ではなく、笑顔のエネルギーを送ってください」

そして最後に、「心配されると、迷惑なんです！」と笑いながら言われました。

師は気功の達人であるために、**心配のエネルギーはマイナスのエネルギーそのものである**

ことを身をもって知っていたのです。

私たちが心配すると、被災者のエネルギーも低下していきます。被災地の復興も遅れますし、心配している私たち自身も心身が不調になっていきます。

実際、当時は被災された方たち以外でも心身に不調を抱える人が多く現われ、社会問題になりました。


私自身もかつて阪神・淡路大震災で被災し、かろうじて一命はとりとめたものの、多くの知人が天に還られた体験をしています。

当時、打ちひしがれている私に対して、数えきれないほど多くの方が「心配しているよ」「がんばって!」と声をかけてくれました。

その〝声〟が善意によるものであることはわかっています。ただ、その〝声〟によって、自身が押しつぶされそうになったことも覚えています。

「大丈夫?」「がんばってね」と不安げな声をかけられるほど、私は心身が不調になっていきました。「ありがとうございます」と応えながらも、「もう、これ以上がんばれないよ!」と心の中で叫んでいました。

心配より信頼する。

そのことの大切さを、私自身もまた身をもって知っていたのです。

師自身が被災され、仙台の気功やヒーラー仲間の半数近くの方と、いまだ連絡がとれないことも知っている私たちは、師のお話を聞きながらあふれる涙をこらえるのに必死でした。

「笑顔で、明るい方向だけを見てください」

恩師の言葉で気持ちが固まりました。

被災地に行けないときでも、〝信頼のエール〟を送ることができる！　できることがある！

不安や恐れを持たない。

同情や憐れみの気持ちを持たない。

買いだめをしない。

〝今、できる場所〟でボランティアをする。
募金をする。
不安、痛み、悲しみを除去する方法を伝える。
被災地の復興を〝信じる〟。
自分を〝信じる〟。
明るい未来を〝信じる〟。
希望のエネルギーを送り続ける。
今、生きていることに感謝する。

〝今、この場所〟でできることは無数にあります。
不安や恐れ、同情などは、その状況を増幅させてしまう結果を引き寄せます。
希望や明るい思いは、その通りの明るい結果や世界を生み出します。

そうであるなら、今、私にできることは、自分自身のエネルギーを上げて、愛と光の波動を届けることだと確信しました。

その強い気持ちが、エネルギーマイスターの開発につながっていきました。


まずは、あなた自身を〝信頼〟してあげましょう。

「大丈夫だよ」と、自分に向ってやさしい声をかけてあげましょう。

そうして自分自身の中に〝自信〟や〝信頼〟があふれてくると、他者に対しても信頼できるようになっていきます。


そして、自分自身のプラスのエネルギー量も大きく上がっていくのです。


日常は、まぶしい奇跡の集まりです。

自分自身の中に平和の光を灯していきましょう。

〝心配より信頼する〟ことで、ともに幸せになっていきましょう！

「大いなるエネルギー」を味方につけて、あなたのプラスのエネルギー量を高める方法があります。とても簡単ですけど、効果は絶大です。


やり方は、次の通りです。

ワーク4「大いなるエネルギー」を得る方法

1 「立ち腕相撲」をする

誰かとペアを組んで、「立ち腕相撲」をします。

「立ち腕相撲」とは、立ったまま相手と腕相撲のように腕を組んで、お互いにゆっくりと力を入れていき、どちらの腕の力が強いかを確かめます。

2 負けた人が感謝をする

「立ち腕相撲」に負けた人は、心の中で、「ご先祖様、いつもありがとうございます。未来のみなさんのために力を授けてくれて、ありがとうございます」と唱えます。

3　もう一度「立ち腕相撲」をする

一回目よりも、「負けた人」の力が強くなっていることがわかるはずです。「大いなる存在」が、負けた人に力を与えてくれるためです。

ご先祖さま、未来の人たち、ワンネス（宇宙の中心・根源）は、常にあなたのことを見ています。それら「大いなる存在」へのリスペクトとともに感謝をしていると、エネルギー量が高まっていきます。

「大いなる存在」とは、ご先祖様（直系のご先祖様をはじめ、今まで存在してくださったすべての人たち）に加えて、ワンネスです。

さらには、「未来に生きる人たち」も力を授けてくれます。

「ご先祖様、ありがとうございます」
「みなさま、いつもありがとうございます」
「未来のみなさまのために！」

こうした言葉はとても強力です。心からの感謝とともに発すると、さらに効果が得られます。

ぜひ、試してみてくださいね。

コラム　〝幸せなお金〟を得る方法

お金に関する「エネルギーの引き寄せ法」があります。

「〇〇に投資すれば稼げる！」「副業で驚くほど高収入！」といった類のものではありません。

仮に、そのようなことでお金を得たとしても、心の中にお金に関する〝不安〟や、お金に対するネガティブなイメージなどがあれば、お金はまたなくなってしまいます。

心の中に、お金に対するマイナスのエネルギーがあるためです。

すべてにおいて通じることですけど、**〝やり方〟よりも〝あり方〟が優先します。**

〝あり方〟とは、心の中のあり方、心の中のエネルギー・感情・思いです。

今日から、お金に対するイメージを変えてみてください。

ほとんどの方は、「お金がほしい」「お金さえあれば……」と思っています。

そして、お金のために我慢をしたり、無理をしたりして働いています。

かく言う私自身、四半世紀以上もの間、お金を得るために自分に鞭打って働いていました。心身ともに壊れてしまったほどです。


それは、エネルギー的にはどういう状態でしょうか？

そのときの私は、まさに〝お金の奴隷〟のような存在でした。

たとえるなら、**お金は私の飼い主であり、私はペットだった**のです。

お金を得るためにひたすら疲弊し、ときには命までも失ってしまいます。こんなもったいないことはありません。


お金は、あなたの飼い主ではありません。

本来、お金は〝**愛のエネルギーのかたまり**〟です。多くの人に喜ばれる対価として、〝幸せなお金〟として入ってくるためです。

その意味では、**お金はあなたの従順なペットであり、あなたはお金の飼い主**なのです。


では、〝幸せなお金〟を得るにはどうすればよいのでしょうか？

まずは、〝**お金を可愛がってあげる**〟〝**お金を大切にする**〟ことです。

ペットを可愛がらず、大切にもしなければ、ペットは拗ねてしまってなついてくれません。

「お金を得ることは難しい」と思われている方も、お金を遠ざけているのもしれません。

その意識を変えてみましょう。


お札や硬貨を手もとに出してください。

そして、じっくりと眺めながら、過去にうれしかったことや楽しかったことを思い出してみてください。

その際、あなたはおそらく〝お金〟を支払ったはずです。もしくは、ほかの誰かがお金を支払ってくれたはずです。

つまり、お金が〝うれしさ〟や〝楽しさ〟などの喜びに変わってくれたのです。

次に、目の前のお金に対して、「今までありがとう。これからもよろしくね」とやさしく声をかけてあげてください。

それを繰り返すことで、お金はあなたに〝なついて〟きます。

あなたのエネルギーはお金に伝わり、お金のエネルギーも高まっていきます。

そして、そのことによって、あなたのエネルギーがさらに高まっていくという、**〝幸せなお金（エネルギー）の循環〟**が起こってくるでしょう。

第2章

エネルギーマイスターとは何か？

エネルギーマイスターの効果

エネルギーマイスターとは、どのような効果があるのでしょうか？　また、何ができるのでしょうか？

列挙してみましょう。

◇素敵な人とのご縁が増えていく
◇心身ともに健康力がアップしていく
◇人間関係がラクになる
◇見た目（オーラ）が輝く
◇願望実現と引き寄せが加速していく
◇〝幸せなお金〟がスムーズに入ってくる
◇不要なエネルギーの浄化が自分自身でできる

◇プラスのエネルギーの注入ができる
◇食べ物の味をより美味しくできる
◇仕事がよりスムーズなる
◇セッションやヒーリングの精度が大幅に向上する
◇〝個別アセンション力〟が高まる
……等々です。


さらには、エネルギーマイスターをより深めていくことで〝遠隔エネルギー〟を使えるようになります。

遠隔エネルギーとは、たとえばリモコンで操作するかのように、遠く離れた方のエネルギー状態を整えたり、プラスのエネルギーを送れるようになる技法です。

また、第四章でご紹介するマインドフルネスタッピングと組み合わせれば、その方の不安や心配、イライラなどの「行きすぎたマイナスの感情」や「マイナスの思い」を手放すサポートもできるようになります。

まさに、**〝次世代のエネルギー使いの超達人〟〝幸せな魔法使い〟**の域に入ります。

では、エネルギーマイスターとはいったいどういうものなのか、概要をご説明していきましょう。

つらい修行は不要

エネルギーマイスターは、つらい修行は不要と考えていますので、誰もがワクワクしながら、プラスのエネルギー量を高めていくことができます。

「なぜ、修行は不要なのですか？」
「修行があってこそ、習得できるのではないですか？」
ときどき、そのようなご質問をいただくことがあります。

私は、二つの例をあげてご説明しています。

一つは〝交通手段〟の例です。

江戸時代以前の交通手段といえば、ほぼ〝人力〟でした。歩く、走るという方法です。お金持ちであれば、〝馬〟や〝かご〟に乗ることもできましたが、それでもスピードには限界があります。

当時は、「一生に一度は、お伊勢参り」という言葉とともに、多くの人が山越えなどの険しい道を歩きながら、伊勢神宮にお詣りしていました。

道中、思わぬ怪我をしたり、病気になったり、盗賊に襲われたりする方も少なくなかったようです。

それでも、お伊勢参りは旅の楽しみや信仰の喜びであると同時に、「修行だから、厳しさは仕方ない」とも思われていたようです。

でも、今では新幹線や車を使えば、楽々と伊勢神宮にお詣りできます。

もう一つは〝情報伝達〟の例です。

また江戸時代以前の話になりますが、当時は大切な文書を相手に送るには、飛脚などが走って届けていました。飛脚はその名の通り、驚異的な脚力で飛ぶように走っていたのです。

とは言え、人が走るわけですから、スピードには限界があります。

ほかに〝伝書鳩〟を使って文書を届ける方法もありました。たしかに伝書鳩は人よりは速いですが、相手に必ず文書が届く保証はありません。

では、現在はどうでしょうか？　メール、ライン、インターネットなどを使えば、文字通り〝瞬時〟に情報を届けることができます。地球の裏側にいる相手に対しても同じです。

近代になって、〝交通手段〟や〝情報伝達〟のスピードは飛躍的に向上したわけですが、それらに対して「そんなものを使うのは修行が足りん！」と言う方は皆無のはずです。ご住職さんにしても、街中を車やバイクで移動されています。

一方、心の問題の解決法や気とエネルギーの手法などについては、数十年前と同じ手法が今でも主流として使われています。場合によっては、千年以上も前の手法もあります。

私たちはすでに、さんざん〝修行〟を行なってきたのではないでしょうか。

今回、お伝えしているエネルギーマイスターをはじめ、さまざまなエネルギーメソッドはワンネスから授かったものです。

私は、**「エネルギーはもう、修行なしで使いなさい」**というワンネスのやさしい声を感じます。

交通手段や情報伝達の飛躍的なスピードアップを迎えた今、気とエネルギーについても、ようやく時代に合った手法を授けていただいたのだと思っています。

私たちはつらい修行などはなしに、ラクラク、笑顔で幸せになってもよいのです。

使えば使うほど高まるエネルギー

エネルギーマイスターという手法は、自身の生命エネルギーを使うことなく、ワンネスからダイレクトに流れてくるエネルギーをそのまま分け与えるので、エネルギーをいくら使っても疲れることはありません。

疲れないどころか、使えば使うほど自身の状態が整っていきます。

最近は、サウナなどで自身を整える人が増えているようですが、サウナやお風呂の長湯は、ときとして「ヒートショック」など、温度差による血圧の急激な変化で危ない状態となることがあります。

エネルギーマイスターは、使えば使うほど自身の状態が整うと同時に、プラスのエネルギー量も高まっていきます。

たとえるなら、息を吸うことと同じです。

〝もったいない〟として息を吐かずにいれば、そのうち苦しくなります。肺の中に入っている酸素の量が低下するからです。

そのため、通常は無意識で呼吸を行なっています。文字通り、〝吐く・吸う〟の繰り返しです。順番を逆にして、古い空気を吐かないで吸うことはできません。

エネルギーマイスターのエネルギーも同じです。

自分自身に使ったり、ほかの方に送ることで、フレッシュなエネルギーがワンネスから注がれてくるのです。

〝やり方〟よりも〝あり方〟

私は小学生になったころから、必要に迫られて感情や思いを整える方法を探し求めていました。

その後、武道や気功、瞑想などを習うようになったのも、そのことがきっかけでした。

そして、何十年も気やエネルギー、感情の解放の方法について学び、実践をしているうちに気がつきました。

それは、**「〝やり方〟よりも〝あり方〟の方が大切」**ということでした。

〝あり方〟とは、自分自身のエネルギー・感情・思いが、どのような状態になっているかということです。

〝やり方〟ももちろん大切ですが、まず先に整えておく必要があるのは〝あり方〟です。

超凡人の私は、その簡単な真理に気がつくまでに数十年も遠回りをしていました。

車にたとえるなら、〝あり方〟は車のボディです。

かつての私は、車がないのにナビゲーションだけを購入し、行き先を設定して、「いつまで経っても着かないよ〜」と思っていたようなものです。

〝あり方〟なくして〝やり方〟ばかり求めていたのです。

車があってこそのナビゲーションシステムです。


気やエネルギーを使うことも同じです。

先に〝あり方〟があってこそ、〝やり方〟が活きていきます。

エネルギーマイスターを学ぶ理由

実際のエネルギーマイスター講座の冒頭では、まず「人生の指針」についてご説明していきます。

この部分は、エネルギーマイスターを行なう方自身のあり方や土台に関わるので、ここを省いて「エネルギーの使い方（やり方）」を伝えても、うまくいかない場合があるからです。

たとえば学生さんであれば、「大学に入りたい」と思っている人はたくさんいるはずです。でも、自分が「なんのために大学に入りたいのか」を知っていなければ、〝なんとなく〟過ごしてしまうような、意味のない四年間となってしまいます。

「大学で専門知識を学びたい」ということがわかれば、その後の人生に役立てることができます。

エネルギー（気）を学ぶことも同じです。

だからこそ講座の冒頭では、「なんのためにエネルギーを学ぶのか」をしっかりと理解していただいています。

「人生の指針」は、次の三行の言葉に集約されています。

自分自身を認め、愛することが未来の創造につながります。

誰もが、ありのままの状態を取り戻し、夢の実現を体現できる実践的手法を伝えます。


一行めでは、自分自身を認めることの大切さを理解していただきます。

お金や権力、名声を持つことが未来創造の基盤ではなく、自分自身を認め、愛することが〝豊かな心の土壌〟となります。

豊かな心の土壌ができれば、そこに〝夢の種〟を埋め込むことができます。


二行めは、そのために〝ありのままの状態に戻っていく〟ことを伝えています。

〝ありのままの状態〟とは、生まれたての赤ちゃんだったときの純真無垢なナチュラルな状態です。

その状態に〝**戻っていく**〟ことが大切です。

自分を〝変える〟のではなく、誰もがもともと持っていたナチュラルなマインドや、大きなエネルギーに〝戻っていく〟ことで、素晴らしい世界が開けていきます。

私は、その心の状態のことを「**赤ちゃんマインド**」と呼んでいます。

大人の体力、知力、人脈、ネットワークなどを活かしながら、マインドだけを「赤ちゃんマインド」に戻していくと、日々が劇的に好転していきます。

三行めの〝夢の実現を体現できる実践的手法〟とは次の三つです。

1　赤ちゃんのような、前向きで大きなプラスのエネルギー量を取り戻す手法
2　赤ちゃんは持っていないような、「行きすぎたマイナスの感情」を手放す手法
3　赤ちゃんは持っていないような、〝できるわけがない〟といった「マイナスの思い込み」を手放す手法

1、2、3について、1には『**エネルギーマイスター**』、2には『**マインドフルネスタッピング**』、3には『**リミットブレイクマスター**』という手法を使うと、時間や費用などを含め、大幅にショートカットして達成することができます。

実際、1〜3の三つがそろうと、もはや〝**奇跡**〟**はあたりまえの世界**に入ってきます。

ですので、私はその三つの手法を願望実現を加速させる**「三種の神器」**と呼んでいます。決して大げさではなく、〝リアルパラレルワールド〟や〝個別アセンション〟（後述します）まで実現させてしまうのです。

ワンネスとダイレクトにつながる

「人生の指針」をしっかりと理解していただいたうえで、いよいよエネルギーマイスターが使える状態となるように〝伝授〟を行ないます。

伝授は「アチューメント」とも呼ばれています。簡単に言えば、〝エネルギー回路〟を開くことです。

伝授は、心身両面でエネルギー状態が整っているインストラクターが行ないますが、何もない状態のところに新たにエネルギー回路を作るというよりも、もともとあったエネルギー回路の〝詰まり〟や〝汚れ〟を取り除いて、ワンネス（宇宙の中心、根源）とつながっている状態に戻すお手伝いをさせていただく、ということです。

本来は誰もがワンネスとつながっていますので、その状態に戻っていただくわけです。

たとえるなら、ピカピカのダイヤモンドの上に長年積もり重なっている、チリやホコリ、汚れなどを取り除き、本来の輝きを取り戻していただいているような状態です。

エネルギーマイスターを伝授すると、受講生さんはワンネスとダイレクトにつながり、ワンネスから降り注ぐピュアなエネルギーを二十四時間、自然と受けとることができます。

だからこそ、より強力で質の高いエネルギーを使えるようになるのです。

エネルギーマイスターの三つの段階

エネルギーマイスターは、エネルギーの習熟度によって三つの段階があります。

最初の段階は「ベーシック」と言います。講座を受けていただく場合は、このベーシック講座からとなります。

ベーシックでは、主に〝自分自身に対して行なう〟技法を習得できます。

ですが、この段階ですでに大幅なプラスのエネルギー量のアップを果たせますので、自身の「マイナスのエネルギーを浄化する」「必要なエネルギーを注入する」「エネルギー整体で体を整える」などのほか、さらに「大切な人を守る〝エネルギーバリア〟を張る」「飲みものや食べものの味を美味しくする」など、さまざまなことができるようになります。

ベーシックの段階でも、「体が軽く感じる」「人から、顔や雰囲気が見違えるように素敵になったと言われる」などという方がほとんどです。

エネルギー手法に関してまったく初めての方でも、楽しみながら一日で修得できます。

先にたとえた交通手段で言えば、ベーシックは、江戸時代に〝一人乗りのバイク〟を持っている人と同じような状態となります。

歩くか走るか、あるいは馬に乗るしかなかったような江戸時代に、〝バイク〟という交通手段があれば、さまざまな地を訪れることができます。しかも、徒歩とは比べものにならないスピードです。

国の存亡に関わるような〝書簡〟でさえ飛脚が届けていた時代ですから、まさに〝歴史を変える〟こともできたはずです。

二つめの段階は「スペシャリスト」です。

スペシャリストでは、近くにいる人はもちろんのこと、海外にいる方に対しても、〝エネルギーヒーリング」や「遠隔セッション」ができるようになります。

家族や友人、知人、ご縁のある人、大切な人に対して、場所を気にせずに必要なエネルギーを届けることができます。

今まで、さまざまな〝気〟や〝エネルギー〟を使う専門家の方々に受講していただきましたが、第二段階における「遠隔エネルギー」は、簡単な反面とても強力とのことです。

交通手段にたとえるなら、江戸時代に〝二人乗りの自動車〟を持っているのと同じ状態となります。

その時代に、お殿様や要職者、医師などを乗せて、速く、遠くまで移動できたなら、数えきれないほど多くの命が助かったでしょうし、歴史はよりダイナミックに変わっていたはずです。


最後の三つめの段階は「インストラクター」です。

インストラクターは、一度に約千名の方にエネルギーが送れるようになります。

この段階では、一気にエネルギー量が高まるために、さらに人間関係、仕事、お金、健康、プライベートなど、さまざまな面で大きく好転される方がほとんどです。

インストラクターの名の通り、〃師範代（マスター）〃としてほかの方への伝授も行なえるようになります。


交通手段でたとえれば、江戸時代にプライベートジャンボジェット機を持っている人と同じ状態です。

一度に多くの方に対して、希望あふれる道を開いていくことができます。

実際に、「よりよい世界を創りたい！」「次世代に素晴らしい地球を手渡したい！」という

〝和の心〟を持たれている方が修得されています。

今の時代にあっても、〝気〟や〝エネルギー〟の手法を修得された方はほとんどいません。

もし、それらを手にされたとすれば、どれほど素晴らしい世界が広がっていくのか、想像できるのではないでしょうか。

簡単にできるエネルギーの手法

「ベーシック」以上の伝授（アチューメント）を受けると、自分自身で体の痛みなどを軽減できるようになります。

もちろん医療行為ではないので、そのことをご理解いただいたうえで、「凝り」「張り」「違和感」「不調」などにお使いいただければ幸いです。

誰でも簡単にできるエネルギーの手法をお伝えしましょう。

それは**「手当て」**です。文字通り、〝手を違和感のある場所に当てる〟だけです。

頭やお腹などが痛いとき、誰もが無意識のうちに手を当てているはずです。

手からはプラスのエネルギーが発しているため、痛みが軽減できます。〝右手〟を使うと効果はより高まります。

ちなみに、左手はワンネスからのエネルギーが入ってくる〝受け手〟であり、右手はそのエネルギーを放出できる〝出し手〟です。

お釈迦様なども、ほとんど左の手のひらを上向きにして腰のあたりに添えて、右の手のひらを正面向きにかざしています。


右手を痛みや違和感のある部分にかざして手当てをする際、その部分に対して「ありがとう」と感謝の気持ちを持つとさらに効果は高まります。

たとえば治療中の箇所であっても、イライラしながら行なうよりも、「何か大切なことを教えてくれているんだね。ありがとう」と心の中で声をかけながら手当てをするほうが、圧倒的に短期間で快方に向かいます。

あなたの発する気やエネルギーは、それほどの力を持っています。

また、「スペシャリスト」では「遠隔エネルギー」が扱えるようになるとお伝えしましたが、簡単に送る手法があります。

どなたか大切な人、ご縁のある人に「ありがとう」と感謝の気持ちを心の中で伝えてみましょう。一日に数回、心を込めて行ないます。

すると、その人からメールや連絡が入ってくるかもしれません。

感謝の気持ちは距離が離れていても、ラインやメールのように瞬時に届きます。

ぜひ、試してみてくださいね。

飲食物の〝味〟が変わる！

エネルギーマイスターの講座では、「味変え」も体得してもらっています。

「味変え」では、「食べものや飲みものの味を美味しく、まろやかにする」「好みの味に近づける」「食材をより健康になる状態にする」などを行なっています。

一度使い方をマスターすると、一生使うことができます。

この「味変え」はさまざまな場面で使えます。

友人や知人、仲間たちをはじめ、お客様やクライアントさんと一緒にいるときに行なうと、みなさんはとても驚かれます。

食べものやコーヒー、お酒などの嗜好品などが、一目瞭然のレベルで美味しくなるので、お互いの距離感もぐっと近くなります。何か飲食物を提供されている方は、お客様も増える方が多いです。

生涯にわたって使える「味変え」に必要なものは、エネルギーマイスターを使った〝**隠しエネルギー**〟だけです。しかも無料です。

ここでは、誰もが簡単にできる「味変え」の方法をお伝えします。

ワーク５「味変え」の方法

１　食べものや飲みものなどを用意する

２　用意したものに「右手」をかざす

３　「右手」をゆっくりと時計回り（右回り）に回しながら、心の中で「美味しくなってくれて、ありがとう」と声をかける

これだけです。

エネルギーマイスター講座でお伝えしている方法の〝簡易版〟ですが、それでも、まろやかに美味しくなるはずです。

注意点としては、1で用意する食べものや飲みものは、できれば濃いめの味のほうが変化がわかりやすいでしょう。

また、3で回す回数は五回から十回程度、時間として十秒から十五秒くらいで十分です。

その際の心の中の〝声かけ〟は、無感情よりはニッコリして感謝しながら行なうと、より「味変え」に違いが出ます。

エネルギーマイスターを修得した経営者の体験

エネルギーマイスターの講座は、医師、ご住職、気功や合気道など武術の師範、レイキティーチャー、ヒーラー、ヨガスクールの先生、セラピスト、メンタルコーチ等々、多くの

〝気やエネルギー使いの達人〟の方々が受講されています。

もちろん、私のような普通の人もたくさん受講されており、エネルギーに関してはまったくの初心者でも、ほとんどの方が一日で修得できます。

受講された方々からは、声をそろえて「エネルギーマイスターはすごい！」という感想をいただいています。

実際、エネルギーマイスターは、**〝簡単〟〝強力〟〝すぐできる〟**と三拍子そろっています。どこかの牛丼チェーン店みたいですけど（笑）。

私自身、幼少期から心身両面のエネルギー状態がとても低かったことは、序章で述べた通りです。

そのため、小学生のころからエネルギーを高めることを意識し、実践していました。中学生になってからは、本格的に瞑想もはじめました。

ただ残念ながら、それで自身のエネルギーが劇的に好転したという実感は皆無でした。

「もう、このまま低いエネルギー状態のまま人生をさみしく終えるんだ……」

そう諦めかけていた私でしたが、東日本大震災を機にエネルギーマイスターをワンネスから授かりました。

その後、短期間で起きた人生の大好転は、目を見張るものがありました。

まるで〝**幸せのジェットコースター**〟にでも乗っているかのように、幼いころから夢見ていたことが次々と叶っていきました。

今では、その状態は〝あたりまえ〟となっています。

幸せのジェットコースター状態は、私だけではなく、エネルギーマイスターを学んでいただいたほぼ全員が体感されています。みなさん、〝**幸せな魔法使い**〟となられています。

エネルギーマイスターを手にされた方々の人生の好転は、まさに奇跡そのものですが、次にご紹介する川越隆二さん（仮名）も、奇跡を体験された一人です。

川越さんは、老舗の日本料理店を複数経営しています。

数年前、先代経営者である実父の跡を継いで代表取締役となりましたが、まだ四十代ということもあってか、年上の料理長や板前さんから少し軽く見られていたようです。しだいに業務指示にも滞りが出はじめ、店の業績も下降していきました。

川越さん自身も、自分のパワー不足やエネルギーの低さに悩まれていたところ、所属する経営者会で私のことを知り、エネルギーセッションを受けていただきました。

最初に川越さんから感じたエネルギーは、〝不安〟と〝心配〟にあふれていて、〝オーラ〟もとても小さい状態でした。

私はさっそく、エネルギーマイスターにマインドフルネスタッピングやリミットブレイクマスターを融合させた、ＺＯＯＭによる遠隔エネルギーセッションで、仕事に対する不安や心配を取り除いていきました。その後、エネルギーアップ調整をさせていただきました。

セッションを終えた川越さんの顔には生気が宿っていました。目が輝き、自信に満ち、オーラも大きくなっていましたので、私は「もう、大丈夫！」と確信が持てました。

その後もセッションのバージョンアップを経て、川越さんは見違えるようなリーダーシップを発揮していかれました。

エネルギーマイスターを修得されたこともあり、業績はさらに大きく上向きになっています。

特筆すべきは、川越さん自身のプラスのエネルギー量が高まったことで、料理長をはじめスタッフのみなさんが協力を惜しまないようになったことです。

「自分自身のプラスのエネルギー量を高めるだけで、ここまですべてが好転することに驚いています」

川崎さんは常々、笑顔でそう話してくれます。

〝気〟の専門家の体験と評価レポート

気やエネルギーの専門家は、エネルギーマイスターをどう評価されるのでしょうか?

岩手県花巻市の『花うさぎ鍼灸院』院長である平賀サツキ先生は、通称「うさぎ先生」として多くの方に愛されています。

平賀先生より、臨床面におけるエネルギーマイスターの評価レポートをいただきましたの

郵便はがき

料金受取人払郵便

神田局承認

1916

差出有効期間
2025年7月
31日まで
切手を貼らずに
お出しください。

101-8796

509

東京都千代田区神田神保町3-2
高橋ビル2階

株式会社 ナチュラルスピリット

愛読者カード係 行

フリガナ		性別
お名前		男・女
年齢	歳	ご職業	
ご住所	〒	
電話		
FAX		
E-mail		
ご購入先	□ 書店（書店名:　　） □ ネット（サイト名:　　） □ その他（　　）	

ご記入いただいたお名前、ご住所、メールアドレスなどの個人情報は、企画の参考、アンケート依頼、商品情報の案内に使用し、そのほかの目的では使用いたしません。

ご愛読者カード

ご購読ありがとうございました。このカードは今後の参考にさせていただきたいと思いますので、アンケートにご記入のうえ、お送りくださいますようお願いいたします。

小社では、メールマガジン「ナチュラルスピリット通信」（無料）を発行しています。
ご登録は、小社ホームページよりお願いします。**https://www.naturalspirit.co.jp/**
最新の情報を配信しておりますので、ぜひご利用下さい。

●お買い上げいただいた本のタイトル

●この本をどこでお知りになりましたか。

1. 書店で見て
2. 知人の紹介
3. 新聞・雑誌広告で見て
4. DM
5. その他（　　　　　　　　　　　　　　　　　　　　　　）

●ご購読の動機

●この本をお読みになってのご感想をお聞かせください。

●今後どのような本の出版を希望されますか？

購入申込書

本と郵便振替用紙をお送りしますので到着しだいお振込みください（送料をご負担いただきます）

書　籍　名	冊数
	冊
	冊

●弊社からのDMを送らせていただく場合がありますがよろしいでしょうか？

□はい　　□いいえ

で、ご紹介いたします。

＊

「エネルギーマイスター」の伝授を受けてから、日々、体の中から何かが大きく変わっていっているのを感じます。

最近、よく患者さんから言われるようになったのは、

「前から、うさぎ先生は癒しの効果があったけど、なぜか最近、特にそれを顕著に感じる」

という言葉。

「施術前に、お話を聞くために近くにいるだけで、幸せな気持ちになるんです」

エネルギーマイスターを得ると、〝癒しの効果が高まる〟というのは、このことか。

定期的に来られているＹさんの施術前に、Ｙさんの状態を見るために〝脈〟を必ず見ます。Ｙさんの脈の質やリズム、バランスなどを確認するのです。

施術後のＹさんとの会話です。

Yさん　「うさぎ先生に脈を見られているとき、すごく幸せでした」
私　「えっ？」
Yさん　「幼いころ、母と手をつないで歩いているときのような、包み込まれるような安心感でした」
私　「（Yさんとは長年のお付き合いなので）いつもの脈を診られている感じと違いましたか？」
Yさん　「失礼ですが、全然違うように感じました（笑）」

たしかに自分自身、手の感覚が違います。〝温かく柔らかい〟のです。

私は二年程前に、首に大きな怪我をしました。

それ以来、首と関連のある〝手〟が常に冷たく（治療家としては命取り）、お湯で温めたりしてから施術に臨んでいました。

それでも患者さんに触れると「冷たい」と言われ、落ち込んでいました。

鍼灸師なので、いろいろやりました。でも、なかなか改善できませんでした。

「そんな私でもＯＫ」と自分を慰めてもいました。

それが最近、患者さんに言われるのが、

「先生の手、ホッカイロを乗せてるように温かいよ～」

という、うれしい言葉に変わっているのです。

エネルギーマイスターをまだはじめたばかりなので、冷たい日もあります。でも、すぐに温かくなるようになりました。

〝**体の中からエネルギーに満ちた状態**〟ってこのことか！

「エネルギー」とか「気」と言うと、少し抵抗ある方は多いと思います。

私も長年、気を扱う鍼（はり）治療をしてきたので、正直、初めは抵抗ありました。

そのこともあり、エネルギーマイスターの受講をためらっていました（笑）。

でも、**「自分の中からエネルギーを満たす」**と聞いたときに、なぜか納得したのです。

あくまで私個人の考えですが、鍼治療（特に気の調整の経絡治療）でも、体の中の気血を十分調整できます。

しかし、会社や家族間などで気を遣ったり、周りの影響を受けることや、不規則な食事などで、気はまた消耗してしまいます。そして疲れて症状が出ます。すると、また治療に来られます。そして、不足している部分を調整する……。

定期的な治療を繰り返されることで、気の巡りもたしかによくなります。結果、生命力強化にもつながります。

そこにエネルギーマイスターを加えてみると、驚きました！

自ら内からのエネルギーに満ちることで、周りや人からの影響を受けにくくなります。「気の消耗の機会が減ることで、より鍼灸の効果を出せる」のです。

初めは、エネルギーマイスターに関して疑いの目で見ていた自分を、今は許してあげたいと思います（笑）。

この手法が世の中にもっと広がっていくことで、より多くの方々が、幸せな毎日を送れるようになるとしか思えてならないです。

ちなみに私自身も平賀先生同様、エネルギーマイスターを使えるようになるまでは強度の末端冷え性でした。

手に触れると「冷たっ！」と驚かれていました。真夏でも、寝るときにはソックスを履いていたほどです。

それが、今では真冬でも手足がポカポカしています。

「冷えは万病のもと」と言われる通り、自律神経が乱れ、心身の不調につながっていきます。

「願望実現」や「引き寄せ」とも無縁の状態です。

それが、自身のエネルギーが上がることで、手足もポカポカして、心身状態もとてもよくなります。結果「願望実現」や「引き寄せ」も加速していきます。

エネルギーと感情はすべての土台です。

それらが高まれば、みるみるうちに日々と人生は好転していきます。

＊

どん底からのV字回復劇を書籍化！

今から約五年前に、私のもとへ訪ねてこられた布袋ジョージさんをご紹介します。

私は敬意を込めて、彼のことを「生きる引き寄せ伝説」と呼んでいます。


彼に初めてお会いしたときのことは、ほんの少し前のように鮮明に覚えています。

私の講座を受講していただいたのですが、ひと目見てすぐに「危ない！」と思いました。「このままだと命を落としてしまうかもしれない」と思ったからです。

私は初対面の方であっても、その人の内面から発する気やエネルギーから、その人が今どのような状態かがわかります。


初対面の布袋ジョージさんから感じたエネルギーは、〝風前の灯火〟でした。

まさに消えゆくロウソクの炎のような、ゆらゆらとした儚いエネルギーでした。

目はうつろで、呼吸をするごとに「ヒュー、ヒュー」とつらそうな音が聞こえていました。

眉間にシワを寄せ、うつむいて下を向き、両手で体を支え、歯を食いしばっていました。この場にいるのがやっとという状態です。

その瞬間、私は心の中で涙があふれてきました。実際に、少し涙目になっていたかもしれません。

「この方は、これまで壮絶な苦労をされてきたんだ」

「今もつらい中、こうやって這うようにして講座を受けに来てくれている」

「極限状態の中、希望の光をつかもうとされている」

……そうした気持ちがダイレクトに伝わってきて、感極まったのです。

言葉は不要でした。そこには、少し前までの私自身の姿がありました。

「今まで、つらかったですね。でも、もうこれからは大丈夫ですよ」

そんな言葉が勝手に出ていました。

決してリップサービスではなく、心からの言葉でした。

私はどんな方でも、ご縁のある方には「大丈夫！」と思える確信があるためです。

また、その確信がなければ、今の仕事（志事）はできないと思っています。

布袋ジョージさんに対しても同じでした。

「これからは、絶対に素晴らしい日々となっていく」という確信とともに、同じ時間を共有しました。

実際、その日を境に彼の人生は急速に改善していったのです。〝劇的な改善〟と言っても過言ではありません。


具体的には、それまで三十数年間も患っていた重度の「鬱」がほぼ改善したほか、ほとんど視力がなかった左目が右目同様の健常値レベルに回復しました。

また、内臓のあらゆる部位が〝危険数値〟を示していたのですが、すべての部位が正常に戻るなど、数えきれないほどです。

さらには人間関係、お金、プライベートの面でも大きく好転されましたが、いずれも初対面からわずか数カ月のできごとでした。

その間、マインドフルネスタッピング、エネルギーマイスター、リミットブレイクマスターという、**「和の願望実現加速の三種の神器」**を日々、実直に実践された証しと言えるでしょう。

そして二〇二三年八月には、艱難辛苦が続く人生から抜け出し、超V字回復を果たされた〝奇跡〟を書籍として世に出され（『奇跡が実現！　驚異のマインドフルネスタッピング』／ライトワーカー刊）、多くの方に希望の光を灯されています。

どんな状態であっても、人は誰でも人生を大きく好転できるのです。
自分自身のプラスのエネルギー量が高まると、すべてが好転します。
それは絶対法則です。

エネルギーマイスターの手法は、どんな方でもすぐに使えます。
すべてはエネルギーでできています。

布袋ジョージさんは、そのことを体現されています。

次に〝奇跡〟を実現させるのは、あなたです！

第3章

マイナスのエネルギーを浄化する方法

マイナスのエネルギーの存在

大勢の人がいる場所に出かけると、普段以上に疲れたりすることはありませんか？

それは、**〝気疲れ〟**が影響している場合がよくあります。

気疲れとは、人のマイナスの気やネガティブな気を受けてしまうことによって起こるケースがほとんどです。

人の〝気〟や〝想念〟は、通常思われている以上に大きな力を持っています。もちろん、よい面でも、よくない面でも同じです。

普段から人と接する機会が多い方は、自身の気とエネルギーを高める手法を持つことは必須です。

経営者、営業職や接客業、教師、医師、看護、介護職、セラピスト、カウンセラー、ヒーラー、エステティシャン、メンタルコーチなどに従事されている方のみならず、そういう職業を目指されている方も同様です。

実際、医療従事者や治療家、カウンセリングやセッションをされている方には、お客様からのマイナスのエネルギーが〝逆流〟してしまっている方が多いようです。

かくいう私自身がそうでした。

東日本大震災直後にボランティアで現地に入り、微力ながら活動させていただきましたが、想像以上に疲れるのです。

阪神大震災で自身が被災したときも、不安や心配を紛らわすために同じように現地でボランティア活動を行なっていたのですが、ものすごく疲れたことを覚えています。

肉体的な疲れももちろんありますが、それ以上に**「マイナスのエネルギー」の影響**を受けてしまっていました。

看護師、介護福祉士、命の電話相談をされている人など、ピュアで真摯な人ほど「マイナスのエネルギー」の影響を受けて、疲れてしまうことが多いようです。

なぜ疲れるかというと、**「自分自身の生命エネルギー」**を分け与えてしまうためです。

その疲れは、「ちょっと疲れたな」というレベルではありません。

家に帰っても何もできない、休日はずっと寝ている、いつも疲労感や倦怠感がつきまとう……そんなふうになってしまいます。

極度の過労などの身体的原因がない限り、それらは「マイナスの気（邪気）」を受けたことによる場合がほとんどです。


そうなると、塩風呂に入ったり、自然の中で気分転換するくらいではどうしようもありません。

顔からは生気が失われていき、すべてにおいて前向きな気持ちが削がれていきます。

そのような状態が続くと、夢や願望実現とは正反対のことが頻発し、「逆引き寄せ」とも言うべき状況になってしまいます。

どれだけがんばってもうまくいかず、がんばることと反比例して人間関係やお金、健康などに負の連鎖が起こっていきます。

そのため、気持ちとは裏腹にその仕事が続けられなくなり、鬱になってしまった方を私は数えきれないほど見てきました。

もちろん、お客様やクライアントがわるいということではありません。**「マイナスのエネルギーは逆流することがある」ということを、誰も教えてくれないことが原因だからです。**

やさしさで相手に寄り添うことはとても尊いことですが、反面、エネルギー的に〝無防備〟でいると、自身が強力なエネルギーにやられてしまうのです。

私は自身の経験も含めて、無防備に自分の生命エネルギーを使うことは、とても危険であることを知っています。

経営者やリーダーなど、日々多くの人と接する仕事をされている方、特にボディセラピストやエステティシャン、医療従事者、治療家さんなど、「人の体に触れる仕事をされている方」は、まず真っ先にしておかなければならないことがあります。

それは、**マイナスの気やエネルギーから自分自身をプロテクトする方法を身につけておく**ということです。

これは、ものすごく大事なことです。

私は長年、多くのメンタルメソッドを学んできました。それも、その道の第一人者ばかりです。

でも、その方々からは、**「マイナスのエネルギーから自身を守る方法」**の話はほとんどありませんでした。

ちなみに、最前線におられる医療従事者の方々でも、そういう授業はいっさいないそうです。

鍼(はり)からでもマイナスのエネルギーは逆流する

前章でご紹介した『花うさぎ鍼灸院』の平賀サツキ先生（通称「うさぎ先生」）も、人と接することが多い方や人の体に触れる職業の方は、マイナスのエネルギーの逆流に気をつけなければならないという私の話に大きくうなずかれていました。

鍼灸では、鍼（はり）を使って経穴（けいけつ）（いわゆるツボのこと）を刺激します。その刺激によって、滞っていたエネルギーを正常にし、健康改善を行ないます。

うさぎ先生は、**「患者さんのマイナスの気は、ハリを通して施術者にも逆流する」**と話され、かつては先生ご自身も大きなダメージを受けられたそうです。

先生のお知り合いでも、同様の症状に困り果てて廃業にいたった方もおられたそうです。

たとえば、よく銭湯にある「電気風呂」の超強力なものに入ったとすれば、誰もが感電してしまいます。

直接入らなかったとしても、金属を持ってお湯に触れれば感電します。金属は電気エネルギーを通すからです。

鍼も同じですが、鍼灸に限らず、人と接したり触れたりする機会が多い方は、手や体を通して相手のマイナスのエネルギーの影響を受けてしまう可能性が高いのです。

せっかく、お客様やクライアントが多く来られるのに、マイナスの気やエネルギーに耐え切れなくなって、体調をわるくしたり、廃業したりすることは、とても残念なことです。使命感を持って、その職業を選ばれたのであればなおさらです。

平賀サツキ先生は、エネルギーマイスター修得後は、マイナスのエネルギーの逆流を受けることなく、充実した日々を送られています。

どのような立場の方であっても、マイナスのエネルギーの逆流に対しては、〝プロテクト法〟を身に着けておきたいですね。

エネルギーマイスター誕生秘話

独立した当初、私も「マイナスのエネルギー」を受けて、半死半生の状態となったことがあります。その状態は約半年続きました。

マイナスのエネルギーを受けた方はわかると思いますが、ものすごい力があります。

私も毎日が、「今日は生きていられるか」という恐怖との闘いでした。ほんとうに危ない状態だったのです。

詳細は後述のコラムに譲りますが、ポルターガイストのような超常現象まで頻発するようになり、「とうとう頭がおかしくなったのか」と脳の精密検査を受けました。

結果は「異常なし」。ある意味、もっとも恐れていた結果でした。なぜなら、マイナスのエネルギーにやられてしまっていることが完全にわかったからです。

その半年間は、生きているのもやっとという瀕死の状態でした。

そうした恐怖の実体験から、私は**「マイナスのエネルギーから自身を守る方法」**を学びはじめました。

有名な気功の先生、ヨガの第一人者、合気道の師範代、さらには霊能者や結界師、サイキックからも学びました。

文字通り〝命がけ〟でしたが、時間はかなりかかったものの、少しずつ心身の状態も戻っていきました。

ただ、第一人者たちに「邪気」や「マイナスのエネルギー」に対処していただくためには、高額な謝礼が必要でした。

私が「いつまで続ければよいのでしょうか？」と聞くと、答えはみなさん同じでした。

「やめると、またもとの状態に戻るよ」

私は、お先真っ暗になったことを覚えています。

生涯で計算すると、家が建つ以上のお金が必要となります。

それでなくても私は人生を変えたい一心で、家が建つ以上のお金を投資してきたことはすでに述べた通りです。

今回のことでは、一定の効果は感じていましたが、さらに〝家が建つ以上のお金〟を払う余裕はありません。

何よりも、一生、人のお世話にならなければ生きていけないことに、行き場のない無力さとやるせなさを感じていました。

私は、それらの方々からサポートしていただきながらも、**「人に依存することなく、自身で行なえるメソッドを会得したい」「誰にでも簡単に使えるエネルギーメソッドを開発して、必要な方にお渡ししたい」**という気持ちが抑えきれなくなってきました。

人のためにやさしい気持ちを持って奉仕されているのに、マイナスのエネルギーを受けて疲弊されている方々のために、**根本的に解決できる手法**はないのだろうか……？

新たなエネルギーメソッドの開発のインスピレーションを得るために、私はさまざまな地を訪ね歩きました。

国内のパワースポットはもとより、セドナやキラウエア火山の山頂、ダイヤモンドヘッドの巨大クレーター内など、海外の多くの聖地にも訪れて瞑想を行なったりしました。

あまりの心身のつらさに、私は息も絶え絶えながら天に向かって叫んでいました。**「もし、自分に生きる価値があるなら、邪気を除去する方法を授けてください！」**

「もし、授かったなら、私のような方にお渡しします！」

その直後、その方法が〝わかった〟のです。

〝授かった〟と言ったほうがよいかもしれません。

そして、恐る恐る〝その方法〟である『エネルギーマイスター』を使ってからは、それまでの半年間、毎日死と向き合っているような心身の苦しみが、まるで幻であったかのように消えていきました。まさに〝九死に一生を得た〟のです。

それまで、どす黒かった顔色ももとに戻り、何よりも前向きな〝生きる力〟に満ちあふれてきました。

今、こうして生きているのは、ワンネスからエネルギマイスターを授かったおかげだと毎日感謝しています。

そして、マイナスのエネルギーから解放されただけではなく、それまで決して起きることのなかった「願望実現」や「引き寄せ」までが、どんどん起きるようになったのです。

さあ、次の項目からは、本書を読むだけで簡単に実践できる「マイナスのエネルギー（邪気）を浄化する方法」をお伝えしていきましょう。

それぞれの手法は本来、門外不出の〝秘伝〟であり、講座を受講した方々が扱える領域ですが、これからの時代は、**誰もがあたりまえに使えるようになってほしい**ので、できるだけわかりやすくお伝えします。

一　マイナスのエネルギー（邪気）を浄化する方法

ここからの項目では、マイナスのエネルギーを浄化する方法についてお伝えします。

本来、この部分は門外不出の「秘伝」「奥義」にあたる部分です。神官、ご住職、陰陽師などが扱っている領域です。

エネルギーマイスター講座では、最初の「ベーシック」の段階で「伝授（アチューメント）」を受けると、〝**自動的に**〟この手法が使えるようになります。

この手法を使えば、多くのお金や時間をかけずに自身でエネルギー状態を高く保つことができます。

強いマイナスのエネルギー（邪気）はなかなか祓うことができませんので、この手法を知っておくことは大きな〝**心のお守り**〟にもなるでしょう。

ワーク6 マイナスのエネルギー（邪気）を浄化する方法

1 背筋を伸ばす

2 目を閉じてリラックスし、顔を上向きにし。口角を上げる（少しニッコリする）

3 両手の手のひら同士をこすり合わせる（十秒くらい）

4 両手の手のひらを上に向けて、膝の上におく

5 ワンネス（宇宙の中心、根源）から、光のシャワーのようなものが「左手」から

入ってくるイメージを持つ（そのことで「浄化」がはじまります）

6　光のシャワーがマイナスのエネルギーを絡めとり、「右手」からきれいな光となって宇宙に還っていくイメージを持つ

7　心地よさを感じたら、ゆっくりと目を開ける

背筋を伸ばすのは、背骨がいわゆる〝受信アンテナ〟の役割を果たすためです。口角を上げて少しニッコリしたり、顔を上向きにするのは、そのことで脳がリラックスすることが、脳科学上わかっているためです。

リラックスすると、ストレス過多の緊張している交感神経優位の状態から、〝ゆるんでいる〟ときや〝瞑想状態〟のときの副交感神経優位の状態となります。

そうすると、気やエネルギーの〝送受信感度〟が高まるのです。

「いつもより疲れる」「気持ちが乗らない」といったときは、ほかの人のマイナスのエネルギーを受けている可能性が高く、〝気疲れ〟〝人疲れ〟の状態です。

そういうときは、一人になれる空間でこのワークを行なってみてください。

毎日、朝起きた直後や就寝前などの決まった時間に行なうと、浄化の効果はいっそう高まります。

もちろん、一日に何度行なってもかまいませんし、日々実践していくことでかかる時間もさらに短くなっていきます。

浄化が進むにつれて、深くリラックスもできますので、ぜひ習慣としてみてください。

二　ソフトバリア（結界）を張る方法

営業職や接客業、医療従事者など、人に接することが多い方や人の体に触れる機会が多い方のみならず、マイナスのエネルギーから自身や大切な人を守る方法を習得しておくことは、今の時代はとても大切です。

次は、簡単に「ソフトなバリア（結界）」を張る方法をお伝えします。

「光バリア法」と呼んでいるものですが、〝イメージ〟を使って行ないます。

ワーク７　光バリア法

1　朝陽を浴びる（雨の日や曇りの日は、太陽の方向に向かって感謝しながら一礼する）

2　両親を含む「ご先祖さま」に感謝する

3　自分自身に感謝しながら、ワンネス（宇宙の中心、根源）からの光に包まれていくイメージを持つ

4　大切な人やご縁のある人たちに感謝しながら、それらの方々が光に包まれていくイメージを持つ

以上です。

心の中で「ありがとう」と感謝しながら行なうと、いっそう効果が高まります。

行なうタイミングは朝がベストです。夜勤などの場合は、起床後で大丈夫です。

注意点としては、ある程度、自身を整える準備をすることです。たとえば、歯磨きをする、シャワーを浴びる、お風呂に入る、手を洗う、服を着替えるなどです。

心の準備としては、次章でお伝えするマインドフルネスタッピングを行なうこともとても有効です。

ちなみに「服を着替える」のは、寝ていたときに着ていたパジャマなどを着替えるだけで大丈夫です。

ただ、下着は新しいものに替えることをお勧めします。

下着は寝ているときに、〝マイナスの気〟を吸収しているためです。新しい下着に替えるだけでも、エネルギーが通って気持ちが整います。

その「〝気〟持ち」が整うことで、整った素晴らしい一日を引き寄せることができると同時に、邪気などのマイナスのエネルギーから守ってくれます。

三 〝呪いの暗示〟を解く方法

〝呪いの暗示〟という言葉を聞かれたことはあるでしょうか？

実は、ほとんどの人が呪いの暗示の影響を受けています。そのことは心理学や脳科学でも明らかにされています。

呪いの暗示とは、魔術や呪術によって植えつけられるのではなく、**幼少時代に身近な人から繰り返しかけられた〝マイナスの言葉〟**のことです。

たとえば、「あなたは何をやってもダメね」と言われ続けた子どもは、大人になって何かよいチャンスがあっても、積極的にアクションを起こせなかったり、出遅れたりします。

「自分は何をやってもダメなんだ」という〝呪いの暗示〟に支配されているからです。

「あなたは病弱だから……」と繰り返し言われた子は、ほんとうに病弱になっていきます。

子どものときから同じ言葉を繰り返し言われ続けると、脳や潜在意識の中で、その子の人格や思いを創る〝核〟となっていきます。いわゆる洗脳状態です。

このことは残念ながら、テレビやインターネットに流れるＣＭでも行なわれています。「歳とともに肌質は落ちていく」「日本人の〇人に一人は〇〇という病気になる」「太っていることはわるいこと」等々、それらは視聴者にとって強力な〝マイナスの思い込み（呪いの暗示）〟となります。

たとえば、「お金を稼ぐことは大変だから、お金を粗末にしてはいけません」というのも呪いの暗示です。

「えっ？　お金は粗末にしてはいけないんじゃないの？」と思う方もいると思います。「お金は粗末にしてはいけない」という部分はよいのですが、「お金を稼ぐことは大変」という言葉が、呪いの暗示となるのです。

私は、そんな呪いの暗示を無数に植えつけられてきました。

「何をやってもダメ」「あなたは病弱だ」「お金を得ることは大変なこと」「人生は思った通り

にいかない」「夢なんて持つものじゃない」……まだまだ、たくさんあります。両親や学校の先生に、ことあるごとに言われ続けました。

そして、ほんの十数年前まで、実際に〝その通り〟のつらい人生を歩んできたのです。いかに〝呪いの暗示〟が強力かということを身をもって体現しています。


ちなみに、呪いの暗示をかけている人は、無意識で行なっている場合がほとんどです。その子どもにとって〝よかれ〟と思って言っていることも多くあります。

ですから、「〇〇のせいで、こんなことになったんだ!」と、その人を責めることはできません。

呪いの暗示が脳や心にどれほど大きな悪影響を与えるか、これまで教育の現場でも教えられることはほぼなかったのですから、仕方がない部分もあります。

厄介なのは、結果的にもっとも強力な〝呪いの暗示〟をかけている人物は、たいていは〝自分自身〟であるということです。


私自身が、その代表でした。

夢や願いはたくさん持っていたものの、「どうせ自分には無理だ」と半世紀もの間あきらめていました。

ほかの人の言葉であれば、その人と距離をおけばよいのですが、自分自身とは離れることができません。

では、呪いの暗示は一生解けないのでしょうか？

それを解く方法が、『リミットブレイクマスター』というメンタルメソッドです。

リミットブレイクマスターは、潜在意識下にある強力な「マイナスの思い込み」を自分自身で外していけるようになる手法です。

リミットブレイクマスターはマインドフルネスタッピングの応用編ですので、まずは次章でご紹介するマインドフルネスタッピングを試していただければと思います。

今後、自分自身で呪いの暗示やマイナスの思い込みを外す手法を修得していることは、大きな力となってくれます。

リミットブレイクマスターやマインドフルネスタッピングに比べると少し時間がかかりますが、呪いの暗示を解く別の方法もあります。

〝幸せの暗示〟で中和する

〝幸せの暗示〟で中和していく方法です。

気温が上がると氷が少しずつ溶けていくように、それと同じことを自身で行なうのです。

たとえば、「お金を稼ぐことは大変」というマイナスの思い込みを解きたいときには、**「幸せなお金」「豊か」「簡単」などの〝プラスの言葉〟を寝る前に思い浮かべます。**

「私には幸せなお金が豊かに流れてきている」「私はお金持ちだ」といった〝文章〟（アファーメーション）よりも、プラスの〝言葉〟のほうが無意識レベルで否定されにくいためです。

〝寝る前〟というのも脳科学的な理由からです。副交感神経優位のリラックスしている状態で、プラスの言葉を思い浮かべたり、声に出したり、イメージすることで脳に少しずつ定着していきます。

そうしてマイナスの思い込みや感情が変わってくると、人生はどんどん好転していきます。

すでに〝持っているもの〟を意識する

ちなみに、「許せない！」「不幸になってしまえ！」などと、逆に誰かに〝呪い〟の想念を送るとどうなるのでしょうか？

「人を呪わば穴二つ」のことわざ通り、自分自身がマイナスのエネルギーにやられてしまいます。

しかも、相手にはダメージは届きません。あなたのマイナスのエネルギーは、相手には「プラスのエネルギー」に変換されて届くためです。

いやな相手が元気になって、自分自身は不調になっていく……それが〝呪い〟です。

〝愚痴〟でも同じ法則が働きます。愚痴の対象者は元気になり、愚痴を言っている人は元気がなくなっていきます。

声に出さなくても、心の中で思えば同じです。それは〝言霊〟としてエネルギー的に発動するためです。

ですので普段から、すでに〝持っているもの〟や〝うれしいこと〟などに意識をフォーカスしていきましょう。

たとえば、「目が見える」「声が出る」「息ができる」「歩くことができる」「本が読める」「鳥の声が聞こえる」「生きている」……等々、それらは〝あたりまえ〟のように思えますが、失ったとき、失いかけたときには、ものすごく素晴らしいことだと気がつくはずです。

すでに最高の豊かさを〝持っている〟ことに意識を向けながら日々感謝していると、自然と感情もプラスゾーンで満たされていきます。

そう心がけるだけでも、あなたはさらに幸せになっていきます。

エネルギーが下がっているときは人と距離をおく

また、なんとなく心身の不調を感じたときは、ほかの人にそのことを話したり、メールなどをしないようにすることをお勧めします。

なぜなら、不調を感じているとき、つまりいわゆる〝下がっている〟ときは、プラスのエネルギー量が下がっている状態だからです。

そのエネルギー状態は、言葉はもちろんメールにも転写されます。結果的にメールを受けとった人のエネルギーも下がり、メールを送信した相手を無意識下で「なんとなく苦手な人」と思ってしまいます。

そうなると、ビジネス面でもプライベート面でも、余計な誤解を招く可能性が高くなります。

私は、少しまとまった時間がとれたときは、〝エネルギーウオッチング〟をすることがあります。

エネルギーウオッチングとは、人や場所からどんなエネルギーが発せられているかを観察し、感じることです。

最近ですが、空いてる時間に初めて入った美容院でカットしたあと、シャンプーのときにふと〝異質のエネルギー〟を感じました。

それまではにこやかに話をされていた担当の方が、私の髪をシャンプーしながら〝悲しいできごと〟に意識を向けていることがわかりました。

私は、「何かプライベートで悲しいことがありましたか？」と聞いてみました。

その方は一瞬、驚かれたあと、「どうしてわかったんですか？　実は今、彼氏とケンカしたことを思い出してました」と言われたのです。

「わかりますよ〜。エネルギーは伝わってきますから(笑)」と答えましたが、その方はすぐに〝おもてなしモード〟に戻られました。


仕事やスポーツ、何かの大会など、本来なら集中しなければならない場面で、プライベート上の不安や心配、イライラなどがよみがえってくる瞬間は誰にでもあると思います。

ただ、そういう〝下がっている〟状態で目の前のことを行なっても集中できていないため、その場では何もなくても、長い目で見ると〝マイナス〟として自身に返ってきます。

先の美容室で言えば、そのようなスタッフが多いと、だんだん美容室からお客様が減っていくはずです。

ですので、〝下がっている〟ときは本書でお伝えしている方法を試していただき、〝上がっている〟と思ったら、ワクワク気分でメールやチャット、電話などを再開してみてください。もちろん、リアルに人と会うときも同じです。

それだけで、驚くほどすべての面で上昇したり、回復したりします。

マイナスの言葉を言わない

かつて、大病をされて奇跡的に回復された方が、こう話していました。

「『病気は大丈夫？』などの言葉や、心配などのマイナスの周波数は送らないでほしいと思っています。私は、体調がわるくても人に言ったことはありません。すると病気や体調は驚くほど早くよくなります」

その通りなのです。

たとえ家族であっても同様です。むしろ家族こそ、一緒にいる時間が長いので気をつけるべきです。

心配ごとを話したり、愚痴や文句というのは、話している人にとっては多少のストレス発散になります。でも、聞いている人の〝生命エネルギー〟は落ちてしまいます。

家族や大切な仲間の生命エネルギーを落としてしまうと、そのことが「原因と結果の法則」の〝原因〟となります。そして、自分に〝結果〟として返ってきます。

自分が相手に出した〝心配〟や、〝つらい〟〝苦しい〟〝痛い〟などのマイナスの言葉は、相手からのものも加わって、つまり〝倍返し〟で戻ってくるので、さらに不調になってしまいます。

脳科学の「ミラーニューロン効果」や、量子論の「観測者効果」「パラレルワールド理論」で言えば、〝つらい〟〝痛い〟などの言葉を聞いた人が、相手に対して「ああ、つらいんだね、痛いんだね」と思うことで、〝その通り〟の世界が広がるということです。結果として、つらさや痛さをより強めてしまうのです。

私はそのことをまったく理解していなかったために、数十年もの間、大変な目に遭いました。

本書を読まれているあなたには、そんな〝倍返し〟には遭ってほしくありません。

これからは、不平不満や文句、愚痴などを言いたくなったら、気をとり直して、逆に〝うれしいこと〟や〝ワクワクすること〟〝感動したこと〟〝感謝していること〟などのプラスの話をしてみてください。

驚くほどのスピードで状況が変化していきますから。

自分が発する言葉は、自分が一番聞いています。

毒を吐くと自分に戻ります。花を贈ると自分にも花が贈られます。

マイナスの言葉は〝倍返し〟で自分に戻ります。

プラスの言葉も〝倍の喜び〟となって戻ってきます。

「プラスの言葉」や「感謝の言葉」をたくさんの人に伝えましょう。

四　自分の邪気から身を守る方法

「マイナスのエネルギー」とは「邪気」のことです。

「邪気」の正体は「マイナスの感情」です。

具体的には、不安、心配、恐怖、怒り、恨み、妬み、悲しみ……などです。

つまり、マイナスのエネルギーは誰にもあります。もちろん、私にもあります。

私の場合は、お腹が減ってくると、「だめだ……力が出ない……」とまるで『アンパンマン』のようになってしまいます。

でも、おにぎりやサンドイッチ、カレーなど、大好きなものを食べるとすぐに〝復活〟できます。すると、その瞬間に邪気もなくなります。

その程度の瞬間的な邪気であれば、なんの問題もありません。

〝無邪気〟な赤ちゃんでも、お腹が減れば大声で泣くことと同じです。

一方、ずっと抱えている邪気は少し厄介です。

かつての私も、ティッシュ配りのようにタダで配って歩きたいほど、〝邪気〟をたくさん持っていました（笑）。

では、ずっと抱えているような邪気には、どのように対処すればよいのでしょうか？

対処方法は三つあります。

自身の邪気を手放す

先ほども述べましたが、「お腹が減った〜」くらいのイライラは問題ありません。ご飯を食べれば、自然とプラスのエネルギー量が高まるからです。

ですけど、一日経ってもまだ残っている不安や心配、悲しみ、イライラなどは、〝本格的な邪気〟となっていく可能性があります。

だんだんと生い茂っていく雑草のように、そのまま放置していると自分では手に負えなくなってしまう場合もあります。

実際、知らず知らずのうちに、自身の邪気が〝手に負えない状態〟となっている方はとても多いようです。

その場合は、次章でご紹介する**マインドフルネスタッピング**の手法を使うのが近道です。

マインドフルネスタッピングのよいところは、本書を読むだけでもかなりの効果が得られることです。

さらに講座で正確に覚えてしまえば、より深く強力に使うことができますが、いずれにしても、何も用意は入らず、自分自身で簡単にできます。

邪気から身を守る方法を手に入れる

すでにお伝えしている「マイナスのエネルギー（邪気）を浄化する方法」や「光バリア法」、そのほか後述するいくつかの方法を実践していただいたうえで、**マイナスのエネルギーを感じる〝場所〟〝もの〟〝人〟には近づかない**ことです。

「なんだ、そんなことか」と思われるかもしれませんけど、これはとても大事なことなんです。

なぜなら、インターネットやＳＮＳがこれだけ普及している現在、あなたのマイナスの感情や思いは、よりダイレクトに広がっていくからです。

ですので、あなたから発せられた邪気は、たとえば怪しげなカルト宗教やさまざまなネガティブな存在を引き寄せてしまうかもしれません。

自分自身の邪気を取り除いてない場合は、そうした存在との〝共依存関係〟に陥ってしまう可能性もあります。

そうなると、なかなか離れられなくなり、気やエネルギーがどんどん下がってしまいます。

「触らぬ神に祟りなし」です。

邪気のない波動の高いものを利用する

１と２を行ないながら、３を利用するとパーフェクトです。

邪気のない波動の高いものとは、２とは反対に**〝無邪気な場所〟〝無邪気なもの〟〝無邪気な**

人〟を指します。

無邪気な場所とは、朝陽のあたる場所、海や川、山や丘などの見晴らしのよい場所、いわゆるエネルギーの高いパワースポットなどです。

無邪気なものとは、樹木や草花などの植物やペットなどです。心がワクワクしたり、幸せになるような写真や風景画、置物なども運気を上げてくれます。

無邪気な人とは、赤ちゃんや子どもです。大人であれば〝赤ちゃんマインド〟を持っている人です。

つまり、人の悪口や陰口などは言わず、一緒にいるとなんとなく前向きな気持ちになったり、リラックスできるような温かい人です。

そうした〝無邪気〟で〝波動が高い〟ものを意識し、接していくと自然と自身のプラスのエネルギー量は上がっていきます。

そうなればしめたものです。自身のそのエネルギーが〝磁力〟となって、さらに高いエネルギーのものや良縁を引き寄せて、プラスのエネルギーの循環がとめどなく起こってきます。

五　身内からの「マイナスのエネルギー」を断ち切る！

ときとして、「マイナスのエネルギー」は身内から伝わってくることがあります。

私の母も極度の心配性でした。

私が何かをはじめようとすると敏感に察知して、「失敗するようなことをするんじゃないよ」「安定が一番だよ」と言われました。

幼少期からずっとそう言われ続けて育った私は、すっかりそうだと思い込んでいました。完全なマインドコントロールです。

今なら、それが間違いであることがわかります。

「安定や現状維持を優先する」こと自体、失敗への最大の近道だからです。それは、いわば〝安定という名の幻想の確実な失敗〟となってしまいます。

なぜなら、科学的に見てもすべてのものは〝動いている〟からです。

じっとその場を動かない大きな岩であっても、顕微鏡で見ると振動しています。

動かないと思っているのは、あくまで見ている人の〝幻想〟です。

特に、かつてないスピードで日々変化している今の時代では、あらゆる領域で〝安定〟を求めた瞬間、落ちていってしまうでしょう。


経営者の方ならおわかりかと思いますけど、「このあたりで安定しておこう」と思ったときから、業績を含むあらゆることが下降していきます。

会社を支えてくれるスタッフやお客様のためにも、経営者は休むことなく成長と進化を求められます。

このことは、すべての人にあてはまります。

だからこそ、赤ちゃんのように常に〝成長と進化〟を意識することが大切です。

もちろん、赤ちゃんのように肉体を大きくするということではありません。

私たちにとって大切な成長と進化とは、**魂の〝成長〟**であり、**魂の〝進化〟**です。

そして、**素晴らしい地球の未来を創っていく**ことです。

チャレンジしなければ失敗はありませんが、成長することもありません。

生まれたての赤ちゃんが、「赤ちゃんは、上げ善据え膳でラクだな〜。よし！　今のままでいよう〜」と思ったとしたら、大人になっても〝ばぶ〜語〟しか話せないでしょう。

赤ちゃんは、何も教えられなくても成長と進化をしていくように、大人もまた成長し、進化し、そこにともなうチャレンジに大きな喜びを見出すようにできています。

それこそが、〝地球に生まれてきた目的〟だからです。

そのことに気づいて、人と比べることなく、「自分の人生を生きよう！」「地球に生まれて来た目的を楽しみながら果たそう！」とアクションを起こすと、思わぬところから「マイナスのエネルギー」を受けることが多々あります。


思わぬところとは、両親、兄弟姉妹、パートナー、さらには近しい友人たちや同僚など、つまり〝身内〟です。

「新たな試みは、心の距離が近いほど伝わりにくい」という法則があります。

関係が近しいほど、〝素のあなた〟を知っているためです。それだけに、いつもと違うことをはじめようとすると、「そんなことできるわけないよ」と思ってしまうのです。

そんな身内の不安や心配の言葉で、せっかくのチャンスを逃してしまった方はたくさんいるはずです。

もちろん、身内の方はその人のためを思って心配しているのですが、実際には大きな足かせとなり、いわゆる〝**ドリームキラー**〟という存在になってしまいます。

ドリームキラーとは、人の夢や希望を打ち砕き、邪魔する人のことを指します。

ある人が自分の夢や願望実現について話していると、「それは無理だよ」「失敗したらどうするの？」といった否定的な言葉で、その人のやる気を失わせる人です。

でも、ドリームキラーは本来、わるい人ということではなく、ただとても心配性であるために、何か新しいことにチャレンジしたり、前に進む人を見つけると、自分のことのように不安や心配になってしまうのです。

先の身内の方々が意見する場合も、結果的にドリームキラーと同じような影響を与えてしまいます。

そういうときは、身内から〝やる気〟を削がれるような言葉をかけられたときに湧き上がってくる、〃怒り〃や〃イライラ〃などの**「行きすぎたマイナスの感情」をできるだけ早く手放す**ことです。

方法としては、次章でご紹介するマインドフルネスタッピングなどを使って、自身の感情を整えます。

そうするうちに、逆にあなたの〃**根拠のない自信**〃が身内に伝わっていきます。

あなたの自信は「プラスのエネルギー」として周りに広がり、いつしかあなたは心から応援されることになるでしょう。

もちろん、ワンネスも深い愛で応援してくれます。

赤ちゃんも〃根拠のない自信〃にあふれています。

お金やモノ、地位や名誉や資格などを持っていなくても、「大丈夫！」という自信と安心感で満たされています。だから、赤ちゃんはすくすく成長と進化を遂げていきます。

誰もがかつては〃引き寄せの超達人〃の赤ちゃんだったのです。

余計な「マイナスのエネルギー」を断ち切って、ワクワクする日々を創っていきましょう！

六 〝サイキックアタック〟から身を守る方法

私のまわりには、人の幸せを自分のことのように喜べるような、〝和の心〟を持った「虹の仲間」がたくさんいます。

今、本書を読まれているあなたも虹の仲間です。

私の主催するセミナーや講座、フォロー会、お話し会などに参加された方々は一様に、その場に集ったみなさんのやさしさ、純粋さに驚かれます。

「こんなに心の温かい方々がいたんだ！」

「まるで別の星のような楽園に来たみたい！」

「初めて会ったのに、なんだかとても懐かしい！」

みなさん、そんなふうにおっしゃるのです。

自然に集まった方同士が、なんの力みもなく、すっと心を許し合う。そして、〝心友〟との再会を喜ぶように笑顔になります。

みなさんで自発的に上昇気流を起こしながら、お互いに高め合い、次々と〝夢〟を叶えていきます。

そんな方々の心からの笑顔を見ると、私もまた幸せな気持ちになります。

かつて〝大きな和〟にあふれていた縄文時代も、「こんな感じだったのかなあ」と思いを馳せたりします。

最新のテクノロジーを活用しながらも、心の中は縄文時代のような〝和〟で満たされていく。希望と調和にあふれた地球となるように、自分ができることを行なっていく……。

虹の仲間の輪が広がると、世界は最短で素晴らしいものとなっていく確信があります。

でも、そんな心やさしい方々にも弱点があります。

〝騙されやすい〟ということです。

やさしすぎて、ピュアすぎるために、詐欺まがいのことでも疑うことなく信じたりします。

私自身も何度も〝学び〟がありました。

今はさすがになくなりましたが、かつてはとても悲しい気持ちになりました。

もう一つの弱点は、**〝人の心に寄り添いすぎてしまう〟**ことです。

なぜなら、「マイナスの感情」にも寄り添ってしまうからです。

特に家族やパートナー、大切な友人など、関係の近い方との間で起こりやすくなります。

たとえば、大切に思っている方から仕事やお金のこと、健康などの不安や心配を打ち明けられたとします。

その気持ちに寄り添いすぎるとどうなるでしょうか?

話を聞いている人は、だんだん心身ともに不調になっていくのです。

これは、〝エネルギーアタック〟や〝サイキックアタック〟とも呼ばれている、マイナスのエネルギーを受けてしまった状態です。

打ち明けている方の心に寄り添いすぎたために、相手の不安や心配、恐怖、怒りなどの感情に、自分の感情が共振しているのです。

するとエネルギーが下がって不調になりますが、不調は心身だけにとどまらず、仕事やお金、プライベートの人間関係など、さまざまな分野で不調になっていきます。

すべては自身のエネルギー状態と共振するからです。


ですから、相手の心に寄り添って、マイナスの言葉や感情に同調するのではなく、**相手を〝信頼〟する**ことです。

「きっと大丈夫！」と相手を信頼してあげると、マイナスのエネルギーを受けることはなくなっていきます。

むしろ、「大丈夫だよ！」というプラスのエネルギーを大切な方に転写することさえできます。


どんなに大切な方であっても、**不安を共有することは不要**です。それは双方にとって危険だからです。

もちろん怪我や入院など、緊急のときに手助けしたり助けてもらうことは必要ですが、その後は太陽の陽射しのように、ただ温かく寄り添うだけで大丈夫です。

左隣りの人からのマイナスエネルギー

「なんだか疲れるなあ」と感じるようなとき、〝左隣り〟の人からのマイナスのエネルギーを受けている場合が多いようです。

気やエネルギーは、体の左側から入ってくるからです。

第二章でもちょっと触れましたが、仏像の手のポーズを見ても、左の手のひらは上向きにして腰のあたり、右の手のひらは正面に向けています。

左手は与願印（よがんいん）と呼ばれ、願いごとを叶えてくれるポーズです。「心を開いて、あなたの話を聞きますよ」という意味で、「目の前の人のエネルギーをすべて受けとめますよ」というエネルギー吸収の手なのです。

右手は施無畏印（せむいいん）と言って、相手に安心感を与えるしぐさです。「リラックスして、なんでもお話しください」という、愛と慈悲のエネルギーを右手から放出しています。

お釈迦様や阿弥陀如来に限らず、ほとんどの仏像の左手と右手はこのような関係になっています。

私たちも同じです。

気やエネルギーは左手から入って、右手から出ていきます。

また、心臓が体の左側にあることからも、左側にいる人の気やエネルギーは本来、私たちは敏感に感じとっているはずです。

ただ昔と違って、私たちが電車やカフェなどで左側に座っている人のエネルギーを感じとる力は、今はかなり弱くなっています。

イヤホンで音楽を聴いていたり、常にスマホに意識を向けているなど、ほとんどの人がエネルギー的には〝**無防備状態**〟にあると言ってもよいでしょう。

もし、左側に座っている人がものすごくイライラしていたり、不安や心配をいっぱい抱えているとしたらどうでしょうか？

少なからず、そばにいる人、特に右側に座っている人は影響を受けてしまいます。

ここで、エネルギーアタックやサイキックアタックでマイナスのエネルギーを受けてしまった場合、簡単かつすぐに対処できる方法をお伝えします。

すぐにできる防御法

その方法は、マインドフルネスタッピングの手法の一つである**「リセットタッピング」**です。リセットタッピングは、**「自分自身のプラスのエネルギー量を高める」手法**として、次章で詳しくご紹介しますが、マイナスのエネルギー（邪気）を除去することができます。

マイナスのエネルギーを〝リセット〟するので「リセットタッピング」と呼んでいます。

リセットタッピングの方法はとてもシンプルです。

両手の手のひらの側面を互いにトントンと心地よい強さで叩き合わせるだけです。

「なんだか、マイナスの気やエネルギーを受けた気がする」

「人と会ったあと、急に疲れた」

そんなときは、リセットタッピングを数十秒から一分程度行なってみてください。

ツボ刺激と皮膚振動によって小腸が動き、脳波が緊張状態の交換神経優位から、リラックスしている副交感神経優位に変わります。〝幸せホルモン〟と呼ばれているセロトニンも放出されます。

タッピングすることで、受けていたマイナスの気やエネルギーを手放すことができます。

また〝グッズ〟としては、水晶もマイナスの気やエネルギーを浄化してくれます。

私は、浄化力のある自作の水晶のパワーブレスレットを左手にして、エネルギー的にプロテクトし、右手にはクリアな水晶をつけています。

ただ、水晶自体にマイナスの気やエネルギーが溜まると逆流するので、注意は必要です。

満月の夜の月光浴でもかなり浄化できますので、試してみてくださいね。

コラム ポルターガイスト現象から抜け出せた理由

二〇一一年の東日本大震災直後、ワンネスから多くのエネルギーメソッドを授かり、一般社団法人イーモアマインドクリエーション協会を立ち上げたことは本文で述べました。

以降、次から次へとうれしい〝引き寄せ〟が起きていたのですが、当時の私は決定的なことがわかっていませんでした。

大震災直後だったこともあり、「助けてあげたい」という気持ちが私の中にあったのです。

第一章や本章でも述べた通り、人と向き合う場合は「心配より信頼」が基本となります。

しかし、当時の私は逆に「信頼より心配」をしていたのです。

〝信頼〟よりも〝心配〟が勝っていると、よりいっそう心配する出来事が起こってきます。

私の場合、なんと**「ポルターガイスト現象」**となって現われてきたのです。

つまり、さまざまな方々が、〝エネルギー状態〟で私に助けを求めて来たのです。〝ラップ音〟にはじまり、果ては〝かなりの体験〟までしました。何人もの目撃者や証人もいますし、映画『エクソシスト』の世界にいるかのようでした。

そんな〝トラウマレベル〟のポルターガイスト現象に悩み続けていた私ですが、今は完全に抜け出しています。

正直言って、ポルターガイストは非常に怖い現象でした。ほとんど死と隣り合わせの状態です。

大金を支払って、祈祷師や陰陽師にお祓いなどもしていただきました。

しばらくの間は落ち着くのですが、またすぐに現象はぶり返しました。何度も何度も再現するのです。

そんな死が目の前にあるような状態だった私が、ポルターガイスト現象から抜け出せた理由は、〝自分自身のエネルギーを高める〟ことの大切さに気づいたからです。

それまでの私は、病気になれば「お医者さんに治してもらおう」と思っていたように、ポルターガイスト現象についても、「祈祷師や陰陽師などの専門家に祓ってもらおう」と考えていたのです。

あたかも家をリフォームするように安直に考えていました。

でも、それではまたすぐに戻ってくるのです。

リフォームにたとえるなら、リフォーム直後は見違えるようなきれいな家になっても、すぐに〝リフォーム前〟に戻ってしまうような感覚です。

その理由は、今であればわかります。

川の上流から流れてくるゴミを下流で拾っていても、川がきれいになるのは一瞬です。根本原因である上流が改善されない限り、川がきれいになることはありません。

ポルターガイスト現象も同じです。

「ポルターガイスト現象なんて、映画かアニメの世界でしょう？　私には起こったことない」と思う方も多いでしょう。

実際、起こらないに越したことはありません。

でも、ポルターガイスト現象ではなくても、「なんとなくイヤな感じがする」ということはないでしょうか？

「なんとなく不安になる」

「なんか、ザワザワしたものを感じる」

そういうときは、プチ・ポルターガイスト現象かもしれません。

では、それを取り除くにはどうすればよいのでしょうか？

自分自身のプラスのエネルギー量を高めて、ワクワクすること、感謝できることの中に身をおく。

そのことに尽きます。

自分自身のプラスのエネルギー量を高める方法は、本書でいろいろご紹介していますので、ぜひ試してください。

とにかく、今、自分が感じている〝感情〟に気をつけます。

「なんとなくイヤな感じがする」ときは、自身の感情が〝不安〟〝心配〟〝恐怖〟〝怒り〟〝イライラ〟〝悲しみ〟などの「行きすぎたマイナスの感情」をまとっている場合がほとんどです。

ゴミにはゴミを好む虫が集まってくるように、「行きすぎたマイナスの感情」（邪気）を持ち続けていると、ネガティブな現象が集まってくるのです。

邪気を除去する（手放す）には、自分自身のプラスのエネルギー量を高めるしかありません。

本書でお伝えしているエネルギーマイスター、マインドフルネスタッピングをご参照ください。

これらの手法は、手が汚れたらすぐその場で手を洗うように、こまめに使われるといっそう効果が高まります。

第4章

マインドフルネスタッピングの活用法

〝得る〟ためには〝手放す〟

前章までは、**「自分自身のプラスのエネルギー量」を高める**こと、**「行きすぎたマイナスの感情」と「マイナスの思い込み」を手放す**ことの大切さをご説明させていただきました。

その三つを意識して行動するだけでも、ほぼ九割はうまくいきます。

残りの一割は〝方法〟や〝手法〟つまり〝やり方〟ですが、それも本書でご紹介しています。でも、実は**〝頭〟で考えるよりも、ワンネス（宇宙の中心、根源）からダイレクトに情報を得たほうが、よりダイナミックに、時間も短縮しながら大きな結果が得られます。**

ワンネスからインスピレーションが得られたときは、〝直感〟でわかります。

その瞬間、心がふと軽くなったり、体の中に光の芯ができるような感覚があります。背筋が伸びて、心が前向き、上向きになります。

ワンネスからインスピレーションを得るために一番必要なことが、**「行きすぎたマイナスの感情」を手放す**ことです。

何かを〝得る〟ためには、先に〝手放す〟ことです。

フレッシュな空気を胸いっぱい吸うためには、肺の中にある古い空気を先に吐かなければなりません。

前にもお伝えしました通り、すべての感情は必要なために備わっています。

ただ、「行きすぎたマイナスの感情」をずっと抱えたままでいると、それが頭上の〝傘〟や曇りガラスのような〝膜〟となって、ワンネスからのプラスのエネルギーやメッセージを受けとれなくなってしまいます。

だから、その〝傘〟や〝膜〟をできるだけ早く取り除かなければなりません。

とは言え、不安や心配、恐怖、怒り、イライラ、悲しみなど、大きな負荷のかかる感情を思考でコントロールするのは至難の業です。

私自身、そのことは約半世紀もの間、痛感していました。

いくら〝頭〟ではわかっていても、それらのマイナスの感情（エネルギー）を思考でコントロールすることはほとんどできないためです。

では、どうすればよいのでしょうか？

「逆の法則」を使います。

逆の法則とは、「押してもダメなら、引いてみる」ということです。

いくら押しても開かないドアが、引いたら簡単に開いた。右に回すと外れないキャップが、左に回すと外れた。そういうことはよくあります。

同じように、「行きすぎたマイナスの感情」に対して、〝思考（精神）〟ではなく、反対のものとされる〝肉体（物質）〟でアプローチするのです。

たとえば、ヒザ小僧をぶつけて、大泣きしている子どもがいるとします。

その子に向かって、「そのうち痛くなくなるよ」「我慢しなさい」なとと言っても泣きやまないでしょう。

理屈や根性論のような言葉だけでは、納得させることは難しいからです。

むしろ、「痛かったね」とやさしく寄り添って、ヒザ小僧をさすってあげながら「痛いの痛いの飛んでけ〜」と言うと、ほどなくして子どもは泣きやむはずです。

〝さする〟という「皮膚への刺激」によって痛さが軽減され、感情も変わってくるからです。

マインドフルネスタッピングは、「行きすぎたマイナスの感情」の内容に応じて、一番効率のよい方法で「皮膚への刺激」をします。

誰もがすぐに行なえる簡単な方法ですが、効果は絶大です。

マインドフルネスタッピングとは何か？

本書でお伝えするマインドフルネスタッピングは、鍼灸（しんきゅう）でいうところの「経絡（けいらく）」上にある「経穴（けいけつ）」（いわゆるツボのこと）を鍼（はり）ではなく、手や指でトントンとタッピングする（叩く）「タッピングセラピー」を大幅に改良し、進化させた手法です。

経絡とは、体の内外に広がる〝気〟と〝エネルギー〟の連絡網です。もとは中医学に由来し、経験的な知見により見出されたものですが、現在ではＷＨＯにおいてもその存在と治療効果が認められています。

経絡は、交通網にたとえるなら〝道路〟にあたります。経穴は道路上の〝交差点〟です。交差点の信号が故障していたり、赤信号や青信号のままであれば、道路は大渋滞になったり、大事故が起こったりします。

同じように、私たちの体をくまなく走っているエネルギーの通り道に滞りができると、心身とも不調になっていきます。

その場合、経穴を手や指でタッピングすることで、たとえば赤信号を青信号に替えることができるのです。

結果、渋滞（心身の不調や滞り）が解消され、すべてが好転していくという画期的な手法です。

タッピングセラピー自体はアメリカ発ですが、その手法に日本古来から受け継がれている〝和〟のエッセンスを加え、ワンネスからの情報とともに今の形となったのが『マインドフルネスタッピング』です。

今、講座では、「行きすぎたマイナスの感情」を手放したり、「自分自身のプラスのエネルギー量」を高めるだけではなく、「願望実現タッピング」や「美顔タッピング（ビューティータッピング）」「幸せタッピング」など、さまざまなバリエーションの手法をマスターできます。

次からは、確実に効果があり、誰でも簡単に実践できるマインドフルネスタッピングの方法をお伝えします。

一　リセットタッピング

「リセットタッピング」は、前章でも**「マイナスのエネルギー（邪気）」を除去する手法**としてご紹介しています（一八八頁参照）。

やり方は、とても簡単です。

ワーク8 リセットタッピングの方法

1 両手の手のひらの側面同士を、互いにトントントンとリズミカルに叩き合わせる

2 叩く強さは心地よい程度、時間は十秒～十数秒

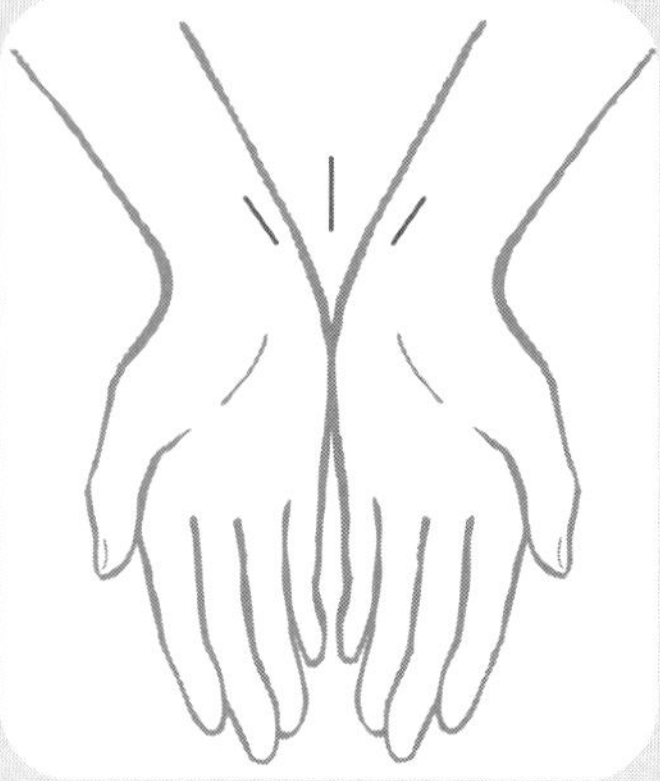

上図は、両手のひらをそろえて上にし、小指側の手のひらの側面をタッピングする例。下図は、両手を空手チョップの手刀のようにして、十字の形でタッピングする例。自分のやりやすい方法で行なう。

手のひらの側面にある「後渓（こうけい）」という経穴（ツボ）は、小腸に対するリモコンスイッチのような働きがあり、刺激すると小腸が動いていきます。するとと脳に伝達物質が届いて、〝幸せホルモン〟と呼ばれるセロトニンやオキシトシンが放出され、脳波もリラックス状態を示す副交感神経優位のミッドアルファ波が出てきます。

この脳波の状態は、いわゆる**「マインドフルネス状態」**であり、**「願望実現脳」**とも呼ばれています。

脳波は、大きく五つに分けることができます。「ガンマ波」「ベータ波」「アルファ波」「シータ波」「デルタ波」の五つです。

私たちが普通に日常生活をしているときは、〝ベータ波ときどきガンマ波〟となります。つまり、〝緊張ときどき強いストレス〟といった状態で、天気予報にたとえるなら「曇りときどき雨」の状態です。

ベータ波は毎秒一八～三〇ヘルツ、ガンマ波は三一ヘルツ以上です。ベータ波は軽い緊張状態、ガンマ波は強い緊張状態を指します。

アルファ波は毎秒八～一三ヘルツ、シータ波は四～七ヘルツ、デルタ波は一～三ヘルツです。

アルファ波は中庸のリラックス、シータ波は深いリラックス（瞑想状態）、デルタ波は熟睡状態を指します。

〝アルファ波ときどきシータ波〟だと、〝リラックスときどき深いリラックス〟の理想的な脳波となります。天気予報の「晴れときどき快晴」の快適な天気です。

この〝アルファ波ときどきシータ波〟の脳波の状態が「マインドフルネス」と呼ばれています。心（マインド）がフルに満たされていて、**心身ともにリラックスしながら、集中できている理想的な状態**です。

武道の達人やトップアスリートは、瞬時にこの状態に持っていくことができます。いわゆる「ゾーンに入る」とか「フロー状態」と言われている状態で、肩ひじをはらず、リラックスしながら集中できている状態です。

メジャーリーガーの大谷翔平選手が試合中、ニコニコしながら〝自然体〟で前人未踏の記録を次々と打ち立てているのも、**マインドフルネスの達人**だからです。

マインドフルネス状態は、長期にわたる瞑想の修行を経ても、なかなか到達することができない領域と言われています。

リセットタッピングは、マインドフルネスタッピングの基本です。

リセットタッピング行なうことで、ほぼすべての方が数十秒でマインドフルネスの状態を得ることができます。

素晴らしい〝ゾーン〟に入り、リラックスしながらも集中できるというハイレスポンス状態です。頭脳と肉体ともに明晰になります。

リセットタッピングは、一日に何度行なってもかまいませんし、副作用もいっさいありません。

二　エネルギーアップタッピング

「エネルギーアップタッピング」は、**「自分自身のプラスのエネルギー量」を高める**手法です。

前項のリセットタッピングと方法は同じですが、目を閉じてタッピングの時間を少し増やすだけで、さらに心身が整っていくことが体感できます。

ワーク9 エネルギーアップタッピング（幸せタッピング）の方法

1　目を閉じてリラックスし、顔を上向きにし。口角を上げる（少しニッコリする）

2　両手の手のひらの側面同士を、互いにトントンとリズミカルに叩き合わせる

3　叩く強さは心地よい程度、時間は十数秒でもよいが、一分ほど行なうと体がぽ

かぽかして、エネルギーが流れ出す（プラスのエネルギー量が高くなる）ことが実感できる

エネルギーアップタッピングはさらにリラックスできることから、マインドフルネス状態により深く到達できます。

毛細血管が拡張することでお肌にツヤが出たり、目もとがはっきりするなど、**幸せな〝福作用〟**が現われる方も多いです。

このタッピングも一日に何度行なっても大丈夫ですので、ちょっとした空き時間を利用して、一、二分ほど行なってみてください。

周りに人がいない静かな場所や、公園や緑の中などの心地よい場所で行なうと、より結果が出やすいです。

エネルギーアップタッピングは、〝幸せ〟を感じているときに行なうと、よりいっそう幸せを感じることができるので、「幸せタッピング」とも呼んでいます。

私は、楽しい食事やティータイム、電車やバスの窓から素晴らしい景色が見えたとき、可愛い鳥や虫の鳴き声が聴こえるとき、うれしいことやワクワクすることがあったときは、欠かさずこのタッピングを行なっています。

すると、幸せのエネルギーが自分の心の中にどんどん〝**貯金**〟されていきます。

タッピングは手の動きが小さくても可能ですので、人に見られることもほとんどありません。

遠慮せず、楽しみながら続けてみてくださいね。

三　〝不安・心配・恐怖〟を手放すタッピング

〝不安〟〝心配〟〝恐怖〟などの**「行きすぎたマイナスの感情」**を持ち続けていると、いったいどうなるのでしょうか？

足がすくんで、何もできなくなってしまいます。

私自身、それらの感情を手放すことができず、長年にわたって数えきれないほどのチャンスを逃していました。

多くの方から「独立したほうがいいよ」と言われ続けていましたが、〝怖くて〟起業を躊躇していたのです。

素晴らしくうれしいオファーをいただいても、不安と恐怖がことごとく邪魔をしていました。結局、「その日は予定が入っていて……」などと苦しまぎれの言い訳を重ねていたのです。

そういうことを繰り返しているうちに、「どうせ無理……」「自分にはできない！」といった〝マイナスの思い込み〟が刷り込まれていきました。そんな自分がイヤでたまりませんでした。

それが、「行きすぎたマイナスの感情」を瞬時に手放すタッピングを行なうと、これまでのマイナスの感情がまるで幻だったかのように薄れ、消えていきます。

「マイナスのエネルギー」からの〝呪縛〟が解けると、別世界に来たかのように人生が大きく

開けていきます。

今では私も、うれしいオファーをいただくと「ありがとうございます！」と笑顔で喜び、その場で日程調整をさせていただくことがほとんどです。

〝宇宙の意志に沿った日々と人生〟を送ることは、何ものにもかえがたい喜びです。

ぜひ、この手法も覚えておいてくださいね。

あなたにも〝光の道〟が開けていきますから。

ワーク10

〝不安・心配・恐怖〟を手放すタッピングの方法

1　そのときのマイナスの感情の「数値」を書き出す

最大値を10、何も感じていないおだやかな状態を0として、そのときの感情の状態を0から10で数値化する。

2　リセットタッピングを五〜十秒くらい行なう

3　目の下（頬の上部）をタッピングする

両手の人差し指と中指の二本の指の先の腹で、両目の下（両頬の上部）を心地よい強さでリズミカルに五〜十秒くらい叩く。

両手の人差し指、中指の先の腹で、両目の下のやわらかい部分をタッピングする。薬指を加えて三本の指で行なってもよい。自分のやりやすいように行なう。

4　鎖骨の下をタッピングする

両手の人差し指、中指、薬指、小指の四本の指の先の腹で、鎖骨の下を心地よい強さでリズミカルに五～十秒くらい叩く。鎖骨の下だけは、少しゆっくりと叩く。

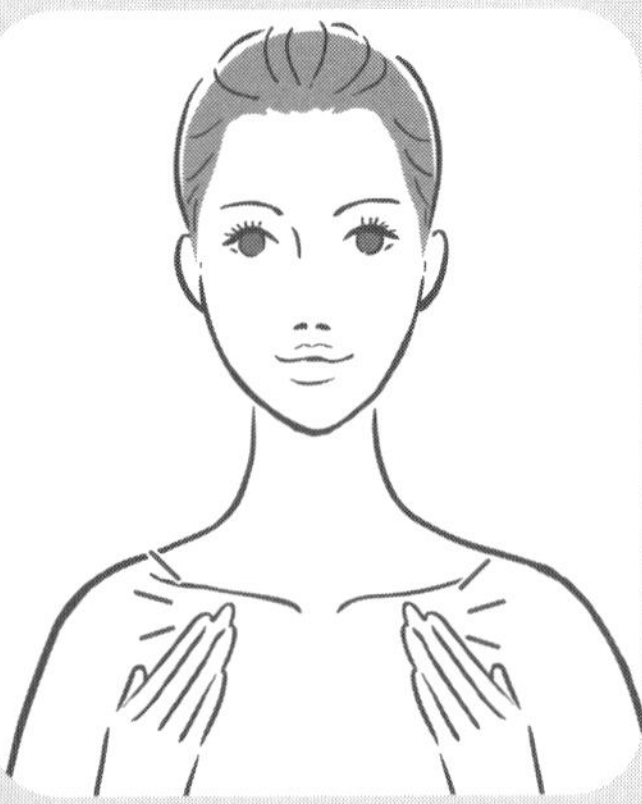

鎖骨の下のやわらかい部分（上図）を両手の指の先の腹でタッピングする。指は小指を入れた四本でも、入れない三本でも、自分のやりやすい方法で行なう。

5　「数値」がどのくらい下がったかチェックする

場合によっては、1から5を複数回繰り返す。

いかがですか？　試していただけたでしょうか？

それまでの不安や心配が軽減し、「どうせ無理……」が「やってみよう！」に変わったかもしれません。

すぐには変わらない方でも、何度もタッピングを行なうことで確実にマイナスの感情は軽減していきます。

あなたも必ず、〝幸せ引き寄せ体質〟へと変わっていけます。

四　〝イライラ・怒り・ストレス〟を軽減するタッピング

「自分自身のプラスのエネルギー量」を最大限に消耗させてしまうものは、〝怒り〟です。

瞬間的な自然な反応としての怒りは問題ありませんが、長く抱え続けている〝怒り〟や〝イライラ〟〝ストレス〟などは、「行きすぎたマイナスの感情」となってしまいます。

口には出さなくても、自身が発している感情（エネルギー）の波動は、プラス・マイナスに関わらず周りにも伝わりますので、たとえば〝イライラ〟の波動は周囲の人たちまでイライラさせてしまいます。

普段は自覚がなくても、あるとき突発的にマイナスの感情がマグマのように噴出することがあります。いわゆる〝キレた〟状態です。

その場合は、自身のみならず、その場に居合わせた人も含めて破壊的な状況となり、大きな傷あとを残してしまうことになります。

爆発まではしなくても、心の内に怒りやストレスを溜め込んでいると、心身ともに大きなダメージを受けます。

常に神経が高ぶって交感神経優位の状態となり、ストレスの原因となるコルチゾールが放出されてしまうからです。

コルチゾールは、私たちの体内で重要な役割を果たすホルモンの一つですが、怒りやストレスによって過剰に分泌されると、心身にさまざまな悪影響を及ぼします。

別名「ストレスホルモン」とも呼ばれていますが、具体的には免疫力が低下したり、血圧や血糖値、コレステロール値が上昇し、脂肪がつきやすくなります。

結果、成人病や鬱病などを発症する可能性が高くなりますし、東洋医学の観点からも、怒りの蓄積は心臓に重篤な症状が出ますので、場合によっては命に関わります。そのため、「キラーストレス」とも呼ばれています。


心身の健康のためにも、普段からマインドフルネスタッピングを行なって、マイナスの感情を手放すことが大切です。

そうすれば、自分自身のプラスのエネルギー量も高まり、本来はあふれている〝愛〟〝感謝〟〝和〟などの「**光の波動**」に包まれていきます。

ワーク11 〝イライラ・怒り・ストレス〟を軽減するタッピングの方法

1　そのときのマイナスの感情の「数値」を書き出す

最大値を10、何も感じていないおだやかな状態を0として、そのときの感情の状態を0から10で数値化する。

2　リセットタッピングを五〜十秒くらい行なう

3　左手の小指の側面をタッピングする

左手の小指の薬指側の側面、爪の下のつけ根あたりを右手の人差し指の先の腹で、心地よい強さでリズミカルに五〜十秒くらい叩く。

左手の小指の爪の下、薬指側の第一関節あたりを右手の人差し指の先の腹でタッピングする。イラストはあくまで一つの例。自分のやりやすい方法で行なう。

4　左手の手のひらの人差し指と中指の間をタッピングする

左手の手のひらの人差し指と中指の股の下の部分を、右手の人差し指と中指と薬指の三本の指の先の腹で、心地よい強さでリズミカルに五〜十秒くらい叩く。

左手のひらの人差し指と中指の股の部分（上図）を右手の指の先の腹でタッピングする。指は三本でも、人差し指と中指の二本でも、自分のやりやすい方法で行なう。

5　鎖骨の下をタッピングする

両手の人差し指、中指、薬指、小指の四本の指の先の腹で、鎖骨の下を心地よい強さでリズミカルに五〜十秒くらい叩く。鎖骨の下だけは、少しゆっくりと叩く。

6 「数値」がどのくらい下がったかチェックする

場合によっては、1から5を複数回繰り返す。

五 〝悲しみ〟を軽減するタッピング

最後にご紹介するマインドフルネスタッピングは、**〝悲しみ〟を軽減する手法**です。

近年、愛する人との死別やペットロスなど、悲しみの後遺症に悩まされている方が増えています。最愛の存在の喪失感が、ずっとつきまとっている状態です。

通常、そのような深い悲しみは思考で抑えることはできません。

そういうときに、このタッピングを行なってみてください。

〝悲しみ〟はしだいに軽減していき、やがて解放されることでしょう。

悲しみが軽減されると同時に、あなたは多くの存在に愛され、守られていることがわかってきます。

笑顔が戻り、さらに幸せになっていきます。

ワーク12　〝悲しみ〟を軽減するタッピングの方法

1　そのときのマイナスの感情の「数値」を書き出す

最大値を10、何も感じていないおだやかな状態を0として、そのときの感情の状態を0から10で数値化する。

2　リセットタッピングを五～十秒くらい行なう

3　左手の手のひらの中指と薬指の間をタッピングする

左手の手のひらの中指と薬指の股の下の部分を、右手の人差し指と中指と薬指の三本の指の先の腹で、心地よい強さでリズミカルに十五～三十秒くらい叩く。

4　左手の手のひらの薬指と小指の間をタッピングする

左手の手のひらの薬指と小指の股の下の部分を、右手の人差し指と中指と薬指の三本の指の先の腹で、心地よい強さでリズミカルに十五～三十秒くらい叩く。

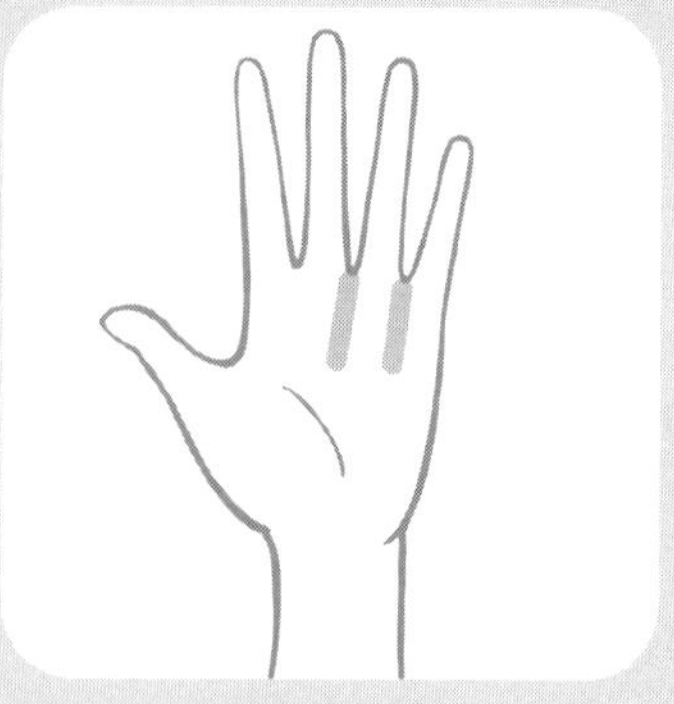

左手のひらの中指と薬指の股の部分と薬指と小指の股の部分を、ワーク11の4と同じようにタッピングする。

5　鎖骨の下をタッピングする

両手の人差し指、中指、薬指、小指の四本の指の先の腹で、鎖骨の下を心地よい強さでリズミカルに五～十秒くらい叩く。鎖骨の下だけは、少しゆっくりと叩く。

6　「数値」がどのくらい下がったかチェックする

場合によっては、１から5を複数回繰り返す。

第5章

五次元の地球を創る方法

あなたが地球に生まれてきた目的

あなたにとって、人生で一番大切なことはなんでしょうか？

私は幼少期のころから、両親や学校の先生などから、人生で一番大切なものは「努力・根性・忍耐」と言い聞かされてきました。

時代が違うと言えばそれまでですが、令和の今でも「努力・根性・忍耐」を強いるような動きが高まっています。

大手企業でも、信じられないようなパワハラやセクハラがニュースとなっています。

私たちは「努力・根性・忍耐」をするために生まれてきたのでしょうか？

もちろん、そうではありません。

あなたが地球に生まれてきた目的は、「地球生活」をとことん楽しむことです。

魂は永遠ですが、肉体を持っている今生はたった一度きりです。

〝地球アトラクション〟をとことん楽しむことが大切です。

自分自身が楽しく生きながら、まわりの人からも「ありがとう！」と感謝されるなら、そんな素晴らしい生き方はありません。

私もそういう生き方ができればと思っています。

世界が激動しているこの時代に、あなたが生まれてきたことには大きな意味があります。

あなたの**エネルギー・感情・思い**に基づいたアクションは、素晴らしい世界を創り、次世代に渡していくためのものです。

人として生まれる前の私たちは、ワンネス（宇宙の中心、根源）と同じ状態でした。

その状態から、「地球で冒険をしたい！」「地球がよりよい星となるように手助けをしたい」と思った魂も、この時代に生まれてきています。

私は、ワンネスから授かったエネルギーメソッドを講座やセミナー、対面セッションやりモートセッションなどを通して、日々、たくさんの方々にお伝えしています。

その際、相手の方に〝地球に生まれてきた目的〟をお伝えすることもよくありますが、ほぼすべての人に共通している目的は、「肉体を持たなければできないことをとことん楽しむ」というものです。

たとえば、「食べたいものを味わう」「行きたい場所に旅行に行く」「山、川、海などの自然に触れる」「好きな人と愛し合う」「子どもや動物たちと触れ合う」等々、多くのことを体験することで、〝人生の喜び〟となっていきます。


そこには「努力・根性・忍耐」は必要ありません。

人生は〝ワクワク〟〝喜び〟のためにあります。

仕事が楽しければ、仕事は喜びそのものの**〝志事〟**になります。

「努力・根性・忍耐」は美徳ではありません。

そういう教えもかつてはありましたが、それはシステムの一過程として必要だったのであり、都合がよかったのです。

「努力・根性・忍耐」によって、自らの楽しみや可能性、命を縛り、縮めてしまう〝自粛〟ならぬ〝**自縮**〟はもってのほかです。

それよりは、自身の「今」を祝って楽しむ〝**自祝**〟のほうがはるかによいのではないでしょうか。

世界平和は「自分平和」から

「困っている人を助けてあげたい」「苦しんでいる人を救いたい」と言う方がいます。

その気持ちは素晴らしいと思います。

ただ、〝**順番**〟が違っている場合が多いようです。

ほかの人を助ける前に、「自分自身を愛と平和で満たす」必要があります。

自分自身の平和をなくして、世界平和は実現できません。

順番があるのです。

順番とは、「自分平和」→「家庭平和」→「地域平和」→「会社平和（社会平和）」→「日本平和」→「世界平和」です。

まずは「自分平和」が最優先です。

その次に、家庭があれば「家庭平和」、なければ「友人平和」や「近隣平和」、その先に「日本平和」や「世界平和」があります。

たとえば、自分自身がお金を持ってなければ、寄付をすることはできません。

砂漠で喉が渇いて苦しんでいる人がいても、水を持ってなければ与えることはできないのです。

では、「自分平和」への近道はあるのでしょうか？

二つあります。

一つは、自分自身のプラスのエネルギー量を高めること。

もう一つは、そのために「行きすぎたマイナスの感情（エネルギー）」を手放すことです。

ここまで本書を読まれてきた方であれば、その二つの近道への行き方は、もうご存じでしょう。

あとは日々、それらを行ないながら、大切な家族や友人、地域というように、順番通りに平和の輪を広げていくだけです。

人と人との心を結ぶことは、ＡＩ（人工頭脳）やロボットではできません。

それが、人が人たるゆえんです。

「自分平和」そして「世界平和」の最大のカギを握っているのは、あなた自身です。

〝個別アセンション〟で新たな地球を創ろう！

かつて、二〇一二年前後に〝アセンション騒動〟がありました。

アセンションとは〝次元上昇〟のことですが、二〇一二年に地球の次元が物質重視の三次元から、高い精神性を起点とする五次元に移行するというものです。
私は、地球規模のアセンションをずっと期待してきました。
地球に存在する全人類もアセンションできると思っていたからです。
でも、もう少し時間がかかりそうです。
現時点では、人類全体の共通意識としての〝機〟がまだ熟していないためです。

ただ、**〝個別アセンション〟**はすぐにでも起こせます。

あなたのエネルギー・感情・思いは、あなたを取り巻く世界と宇宙の出来事にダイレクトにつながっています。

そのシンプルな**〝宇宙の真理〟**をつかめば、個別アセンションが可能なことに気がつくはずです。

個別アセンションとは、あなたとあなたのご縁の深い方々が、ともに〝新たな世界〟〝新たな地球〟に移行できることを意味します。

今の時代、それぞれの人が持っているエネルギー・感情・思いと実現象の一致するスピードが、よりいっそう増しています。

つまり、個人レベルの「願望実現」や「引き寄せ」のスピードも、格段にアップしているということです。

「一人一宇宙」という観点からは、あなたが次元上昇することで、あなたから広がる世界や地球もよりよいものに変わっていきます。

あなたが世界平和、地球平和を創るということです。

個別アセンションを通して、あなたが〝新たな地球〟を生み出すのです。

となると、これまで以上に自身のネルギー・感情・思いへの注意が必要です。

なぜなら、それらと連動した世界が広がるスピードが増しているということは、「マイナスのエネルギー」にとらわれていると、さらにマイナスの世界を増幅させてしまうからです。

逆に言えば、マイナスのエネルギーを手放すことができれば、よりよい現実世界を創ることができます。

今なら、まだ間に合います。
これから少しずつでも、自身のエネルギーを整えていきましょう。

〝ナチュラルスピリット〟で五次元の世界へ！

個別アセンションを最短最速で起こすのは、**〝ナチュラルスピリット〟**です。
文字通り、**「自然な魂」**です。

私たちはあるときから、自然な魂から離れてしまったのかもしれません。
〝ナチュラル（自然）〟の反対語は〝アーティフィシャル（人工）〟です。
もともと自然界には存在していなかったものです。
たとえば、機械やデジタルツールなどです。

もちろん、私たちは人工物の恩恵を受けていますが、一方でそれらに頼りすぎているのではないでしょうか。

デジタルツールを含む人工物に囲まれ、物質的には豊かになったものの、将来に不安を持つ人は逆に増えています。

考えてみるとおかしな話です。人工物に依存しすぎて、自然や魂への意識が希薄になってしまった結果なのかもしれません。

私たちはいつの間にか、〝富〟と言えば〝お金〟や〝モノ〟をイメージするようになりました。そのように〝訓練〟されたのかもしれません。

かつて日本には、世界に誇れる平和な文明が一万四千年も続いていました。

「縄文文明」です。

長期にわたる〝大調和の時代〟は、愛と平和にあふれていたことが考古学上わかっています。

当時の平均寿命は、三十一歳程度であったと言われています。

その中で、重度の障害を持った人が世を去るまでの二十数年間、大切に育てられていたことが考古学的に証明されています。

さらには、戦いや争いをするための武具の形跡がないのです。

同時代の世界に目を向けると、戦いと略奪が繰り返されています。

一万四千年もの間、争いもなく平和な文明を築き上げていたとは、まさに〝奇跡〟そのものではないでしょうか。

縄文の時代に暮らしていた私たちの祖先は、あり余るほどの〝富〟を持っていたのです。

それは、〝心の豊かさ〟〝幸せ〟〝安らぎ〟などです。

自然に感謝しながら、自然と調和しながら生活していくという、自然な魂（ナチュラルスピリット）をあたりまえに持っていたのです。

そのＤＮＡは私たちにも受け継がれています。

縄文文明以外にも、アメリカやオーストラリア、ハワイなどの先住民族が自然と調和して生きていました。

残念ながら、日本以外の彼ら〝ネイティブ〟の多くは、侵略してきた人たちによって土地や命を奪われ、文化を収奪されてしまいました。

縄文文明のＤＮＡを受け継ぐ日本人の役割は、これからの世界にとって大きな希望の光となります。

〝調和〟〝平和〟〝大和〟などの「和」の大切さを、多くの日本人が細胞レベルでわかっているためです。


近代の物質至上主義では、もはや地球は持ちこたえることができません。

かつて大半のネイティブの命や文明が奪われたことと同じように、今や地球に対して〝過剰な収奪〟が行なわれているからです。

地球もまた、私たちと同じように〝生命体〟です。

このまま過剰な収奪が続いていけば、地球からも強い〝防御反応〟が出てきます。

それは、地震や火山の噴火、大型台風の出現、気温や気候の急変などの形で起こるでしょう。いえ、もうすでにはじまっています。

このままでは、取り返しのつかない状況にまでいくはずです。

そうなる前に、私たち人類と地球が〝調和〟し、〝平和〟を築くことが絶対に必要です。そうなれば、私たち人類と地球がともに〝アセンション〟を起こす可能性も高まります。

そのためにも、まず一人ひとりが自身の中にある〝ナチュラルスピリット〟を思い出さなければなりません。

〝自然〟への畏敬の念を忘れず、感謝をしながら崇高なやさしいエネルギーと同化するのです。ときには自然の中に身をおいて、エネルギー交換をしてみましょう。

裸足になって砂浜や草の感触を味わったり、香りを楽しみながら深呼吸をしましょう。

鳥や虫の鳴き声、小川のせせらぎ、木々を抜ける風のささやきに耳を傾けるのもよいでしょう。

そして、自分自身のプラスのエネルギー量を高め、「自分平和」を実現することです。

個別アセンションの行き先は、五次元の世界です。

コラム　〃リアルパラレルワールド〃はこうして起こる！

「パラレルワールド」という言葉を耳にされたことがあると思います。

「並行世界」や「並行宇宙」とも言いますが、私たちが通常〃リアル〃と感じている世界と並行して存在している、別の世界（時空）のことです。

SF映画やアニメだけの話ではなく、最新の理論物理学では多くの学者が支持している仮説です。


さまざまな論文が発表されていますが、**「自分の感情や思考、行動などによって、新たな現実世界が無限に創造されうる」**と解釈する理論もあります。

これは、とても大きな可能性を持っています。

今、起こっているすべての出来事は、**「自分自身の感情、潜在意識の思い込み、行動の選択の投影」**ということになるからです。

自分の周囲だけではなく、地球の裏側で起きているようなことも自身の「感情と思いと行動の投影」となると、ちょっと信じられないかもしれません。

ただ、私自身を含め、私のセッションや講座を受けていただいた方の多くが、「パラレルワールド」や「個別アセンション」を体験しています。


私は、〃今、ここにある幸せ〃を深く味わいながら、感謝の気持ちや和の心とともにお互いに高め合う方々を「虹の仲間」と呼んでいます。

「世界が一つになる瞬間を仲間たちと一緒に見よう！」

「素晴らしい地球をみんなで創って、次世代に手渡そう！」

心からそう思っている素晴らしい仲間たちです。


その虹の仲間の一人に、消防署長をされている方がいます。

彼が私のもとを訪れたのは、今から約五年前のことでした。

当時の彼は、それまでの現場勤務から内勤に変わり、そりの合わない上司もいたことでとても困っていた様子でした。

彼はさっそく、マインドフルネスタッピングをはじめ、エネルギーマイスターなどのエネルギーメソッドを実践されました。

すると、みるみるうちに心身の状態、そして実現象とも好転していったのです。

それまでとは〝別人レベル〟と言っても過言ではない大変化でした。

その後、彼は念願が叶って、署長として現場復帰を果たします。

その消防署はAチームとBチームの二交代制をとっていて、彼は署長とAチームの隊長を兼務しています。

そして三カ月が経つと、驚くべきことが起きていました。


彼が署長となる前は、だいたい週に二、三回の火災があり、消防車が出動していたそうです。

しかし、彼が署長となってから三カ月間、Aチームの出動は〝ゼロ〟でした。

それまでは週に二、三回の出動があったので、一カ月で八回から十二回。三カ月では二十四回から三十六回の出動となります。それが三カ月で出動ゼロ。


ちなみに、彼が休んでいる間のBチームでは、以前と同じように週に二、三回の出動ペースだったそうです。

そして一年後、私は彼に出動ペースを聞いてみました。

すると、「まったくのゼロではないが、ほぼゼロの状況が続いている」とのことでした。そして、Bチームはやはり週に二、三回の出動ペースということです。

私は想像してはいたものの、とても驚きました。

彼自身のエネルギー・感情・思いが整ったために、〝リアルパラレルワールド〟が起こっていたのです。

私は、〝火消し〟である彼のことを親しみと敬意を込めて、「心の火つけ師」と呼んでいます。ただの「火つけ師」だと危ないですけど（笑）。

彼は消防署員として、ほんとうにこれ以上はないというくらいの地域貢献、社会貢献をしていると思います。

数多くの命を救っていると言ってもよいのではないでしょうか。

実際、Aチームで火事がほとんど起こらなくなったのは、自分自身の心とエネルギーの変化によることを彼は知っています。

つまり、自身の〝目覚め〟とエネルギー的な〝次元上昇（アセンション）〟が、リアルパラレルワールドを創造したことを理解しています。

普通であれば、「そんなことはありえないよ～」と一笑に付されるところでしょう。

ただ、量子力学のパラレルワールド理論においては、そんな〝奇跡〟も起こりえるのです。

このことは、重要なことを示唆しています。

火災を減らすには、各家庭や地域への「火の用心！」の呼びかけや消火訓練も大切ですが、まずは**〝各自の内なるエネルギーを磨く〟**ということも大事になるからです。

〝内なるエネルギーを磨く〟とは、**自分自身のエネルギー・感情・思いを整えて、適切な行動をとる**ということです。

それは防災に限ったことではなく、すべての夢や願望実現においても同じです。

周りに働きかけて変えようとするのではなく、自身のエネルギー・感情・思いを整えることで、驚くようにすべてが好転していきます。

私自身、願望実現を加速させる「三種の神器」である、エネルギーマイスター、マインドフルネスタッピング、リミットブレイクマスターなどによって、奇跡のようなことが何度も起こっています。

私は、彼のような消防署長がおられること、そして彼が「虹の仲間」であることを誇りに思います。

リアルパラレルワールドは誰でも起こせます。正確には日々、瞬間瞬間に起こっています。

あなたは、リアルパラレルワールドを無限に創り出している主人公です。

リアルパラレルワールドを言い換えると、〝個別アセンション〟です。

一人のプラスのエネルギー量が高まることで、地域が平和になり、世界の未来はよい方向に変わります。

あなたも虹の仲間です。

ともに、よき地球の未来を創っていきましょう！

終　章

あなたの可能性は、無限大！

あなたは、リミットブレイクマスター（限界突破の達人）！

夢や願望実現、引き寄せを加速する〝キーワード〟があります。

それは、**「リミットブレイク」**です。意味は**〝限界突破〟**。


自身の可能性をリミットブレイク（限界突破）して、より素晴らしい日々と人生を送っていきたいと思いませんか？


限界突破と言っても、そんなに大げさなものではありません。

「今までやりたかったけど、あまりしてなかったことをはじめてみる」くらいで大丈夫です。

たとえば、毎日の通勤やコンビニの店員さんにあいさつをしたり、「ありがとう」と言う。レストランで食事をしたとき、「おいしかったです」とお礼を伝える。電車の中で妊婦さんを見かけたら、席を譲る。毎朝、太陽に手を合わせて感謝する……。

なんでもよいので、できそうなことからはじめてみましょう。それも立派な「リミットブレイク」です。

そうして少しずつ新しいことにチャレンジしていくと、一年も経たないうちに〝**リミットブレイクマスター（限界突破の達人）**〟となります。

そうは言っても、新しいことにチャレンジするのは、なかなか勇気が入ります。

私もいつも、ちょっとしたことであっても、「えいっ！」と勢いをつけてからはじめています。

一歩でも踏み出すことができれば、その心地よさに包まれていきます。心の中が幸せで満たされます。

なぜなら、〝できた〟ことによって、うれしさや笑顔が広がるからです。

「わかっているけど、どうしてもできないんです」という場合は、過去のネガティブな記憶や、マイナスの思い込みが潜在意識に入っていることがほとんどです。

潜在意識下にある「マイナスの思い込み」や「マイナスの感情」の記憶は、マインドフルネスタッピングに加えて、リミットブレイクマスターという手法を使えば、自分自身で完璧に手放すことができます。

リミットブレイクマスターについては、また別の機会にお伝えできればと思います。

それまでの間は、まずは本書でご紹介している方法を楽しみながら実践していただけましたら幸いです。

それだけでも、まぶしく輝く〝新しい世界〟が開けていきます。

あなたの本質はリミットブレイクマスター（限界突破の達人）なのです。

これは誇張でもなんでもなく、ほんとうのことです。

ここで、私が知っている〝**奇跡の人**〟の話をさせてください。

その人は、かつては絶望的な状況でした。

ほとんど動くこともできませんでした。

お金はまったくなく、お金を得る方法すら知りません。

頼る友人もなく、言葉を発することさえできませんでした。

欲しいものがあっても、体が自由に動かないため、どれだけがんばっても手に取ることはできません。

悔し涙で何度も頬を濡らしました。

「おなかが減った」と思っても、自分で食事をすることができません。

誰かが食事を与えてくれなければ、すぐ〝死〟が待っていました。

無力そのもので、か弱く、いつ息絶えてもおかしくない状態でした。

でも、その人は〝素晴らしいもの〟を持っていました。

それは、**まわりを照らす純真無垢で崇高な〝エネルギー〟**です。

動けない、話せない、お金がない、友人もいない……そんな絶望的状況の中、その人は「いつか歩いてみせる」「いつか話せるようになる」「いつか、いろいろな楽しい体験をする」という**〝希望〟のエネルギー**だけを持っていました。

何百回、何千回も失敗を繰り返しながら、チャレンジを続け、決して諦めることはありませんでした。

そして、いつしかすべての夢を叶えたのです。

〝奇跡の人〟となった瞬間です。

「その人」とは、赤ちゃんです。

あなたもかつて、赤ちゃんだったはずです。

あなたこそが〝奇跡の人〟です。

だからこそ、私はあなたに深い敬意を表します。

あなたが諦めずに、何千回もの失敗を繰り返しながら成長し、進化したことを私は知っています。

あなたの心の奥には、赤ちゃんだったときのとてつもないエネルギーがあります。

その状態に、ただ〝**戻っていく**〟だけでよいのです。

あなたは宇宙一、素晴らしい存在です。

あなたは、もっと幸せになっていいんです！

おわりに

最後までお読みいただきまして、ありがとうございます。

今の時代は、後年になって、歴史上かつてない〝**大転換期**〟であったと記録されるはずです。

その大転換の〝**本番**〟はもうすぐです。


少し前から言われている〝二極化〟は、ほぼ終わっていると私は考えています。

残念ながら〝下がってしまった方〟は、八割から九割近くとなっているようです。〝下がってしまった〟理由は、不安、心配、恐怖といった「マイナスのエネルギー」にやられてしまったからです。

ただ、ちまたで言われているように、〝下がってしまった方〟はもう上がることはできないとは、私は考えていません。

〝ワンネス〟からも同じメッセージを受けとっています。

いつでも〝目覚める〟ことはできます。

むしろ、目覚めた人であったとしても、恐怖や憎しみ、怒りなどの「行きすぎたマイナスの感情」にとらわれると、また〝下がってしまう〟こともあります。

エネルギー的に〝不変〟なものはないからです。

だからこそ、常に「自分自身のプラスのエネルギー量」を高めることは、もっとも大切です。

つまり、「行きすぎたマイナスの感情」「マイナスの思い込み」を手放すことが必須となります。

ロケットにたとえるなら、エンジンには問題がなくても、ロケットの機体そのものが重量オーバーであれば、宇宙空間に飛び立つことはできません。

エンジンの出力を最大限に高めることと同様に、機体を軽くすることも同時に行なう必要があります。

本書では、よりよい日々や人生を送るうえで大切な二つのこと、**「自分自身のプラスのエネルギー量を高める方法」**と**「行きすぎたマイナスの感情を手放す方法」**をお伝えしています。

その二つの方法を実践していくことで、あなたは〝新たな境地〟にたどり着かれるかもしれません。

それは、**「世界（宇宙）を創っているのは自分自身である」**という認識です。

本書をきっかけとして、あなたの本質である「限界突破の達人（リミットブレイクマスター）」の〝**奇跡のエネルギー**〟がさらに開花していけば、望外の喜びです。

本書には、エネルギーマイスターを使って特別なエネルギーを封入しています。

私自身が毎日、本書へのエネルギー転写を行なっています。

何度も読み返していただき、読まれたあとも持ち歩いたり、近くにおいておくことで、プラスのエネルギー量を高めることができます。

「ちょっとエネルギー切れかな」と感じたときは、本書に手を添えて目を閉じ、口もとニッコリ、顔を少し上向きにして、しばらくリラックスしてみてください。

その間にエネルギーチャージができます。

また。お部屋の壁などに立てかけておけば浄化もできますので、「パワーグッズ」「エネルギーグッズ」としても、ご活用いただけましたら幸いです。

たった一度の人生、いっぱいの笑顔で、ワクワクしながら生きていきましょう！

最後に、「和の心」とともに笑顔、幸せの輪を広げてくださっている〝虹の仲間〟、いつも笑顔で支えてくれる家族、魂の編集をしてくださいました五目舎の西塚裕一様、素晴らしいご縁をつないでくれた田中智絵様、拙稿を世に出してくれた株式会社ナチュラルスピリットの今井社長に心から感謝の意を表します。

令和六年一月吉日

とみ太郎こと山富浩司

山富浩司（やまとみこうじ）

愛称とみ太郎。和の願望実現加速の専門家。一般社団法人イーモアマインドクリエーション協会代表理事。エネルギーマイスター®、マインドフルネスタッピング®、リミットブレイクマスター®の創始者。『願望実現の公式』発案者。

兵庫県姫路市生まれ。幼少期のDV体験、20代で余命宣告、阪神・淡路大震災の被災、2011年のリストラ宣告等、逆境の連続。東日本大震災直後に自身の天命を知り、25年間研究を続けてきた『願望実現の公式』を完成させる。以降、超V字回復を果たし、劇的に人生が好転していくことになり、経営者をはじめ各界のリーダーを含む多くの方に、エネルギーセッション、コンサル、講座等を通して"和の願望実現"方法を伝えている。ポリシーは、「セッションでリピーターを作らない」「誰でも夢は必ず叶う！」。夢は、「世界が一つになる瞬間を虹の仲間とともに見る」「7世代先まで調和にあふれた世界と地球を次世代に手渡す」。

『「和の引き寄せ」を加速するマインドフルネスタッピング』（KADOKAWA）、『マイナスの感情を手放すと、プラスの未来がやって来る』（三笠書房）、『「引き寄せの公式」CDブック』（マキノ出版）、『こうして宇宙銀行から「幸せなお金」がやってくる』（大和出版）他、大手書店総合ランキング1位、アマゾンベストセラー1位（部門別）の著書多数、累計30万部。

◇メルマガ「あなたはもっと幸せになっていいんです！」
https://www.reservestock.jp/subscribe/22658

◇ブログ：アメブロ「エネルギーが変われば、すべてが変わる！」
https://ameblo.jp/tomitarou1

◇Facebook ／山富浩司
https://www.facebook.com/koji.yamatomi

◇イーモアマインドクリエーション協会ホームページ
https://www.e-more.org/

エネルギーマイスターの絶対法則

●

2024 年 2 月 17 日　初版発行

著者／山富浩司

装幀／福田和雄（FUKUDA DESIGN）
イラスト／月山きらら
編集／五目舎
DTP ／株式会社エヌ・オフィス

発行者／今井博揮
発行所／株式会社 ナチュラルスピリット
〒101-0051 東京都千代田区神田神保町3-2 高橋ビル２階
TEL 03-6450-5938　FAX 03-6450-5978
info@naturalspirit.co.jp
https://www.naturalspirit.co.jp/

印刷所／モリモト印刷株式会社

ISBN978-4-86451-463-7 C0011